U0771001

做 新 教 师 ， 从 教 育 发 现 开 始

教育 EDUCATION
DISCOVERY 发现
做新教师，从教育发现开始

活的教育

HUODE JIAOYU

陶三发 著

山东文艺出版社

绿荫不减来时路（自序）

——从教三十年回眸

我的名字还算有点特别：大哥叫大发，二哥叫细发，我属老三，父母亲于是给我起名"三发"。曾经也想改名，但朋友们都说这个名字不错，很别致、很本色。追求本色人生是我一以贯之的信念，因此，这个朴实、本色的乳名伴我到现在：陶三发。

稍有余暇，我喜欢默默凭栏凝视那绿意葱茏的校园、那紧张喧闹

的操场、那风华正茂的学生们，那步履匆忙的老师们……同时，我也喜欢默默反思，宜昌一中这所百年名校，我在这里陪伴着走过了其中的三十年，这里托付了我将近一生的梦想和光荣，这里奉献了我几乎全部的光阴和心血。宜昌一中现在已经是楚天名校、"湖北省示范学校"和"宜昌市名牌学校"，在校生近3000人。但追念先贤，我们的办学理念真的符合宜昌人开创墨池书院和六一书院时的教育初衷吗？我们的办学水平、育人能力真的符合社会的期待吗？我们真的做到了不愧前贤，不愧后生吗？

家住江南黄叶村

我出生在史称吴王古都的湖北鄂州市汀祖镇一个叫华武村陶家海的地方。我七岁开始在一个名叫上熊的山村读书，然后读陈盛中学、汀祖高中。其实我从小的理想是参军做一名热血军人，做一个横刀立马的将军，但是没有实现的可能。"不得为良相，就为良医"，我当不成兵头，就当了孩子头，十八岁高中毕业时作为本村唯一的高中毕业生，回到本村创办一所小学，当了一名民办教师。当时很想上大学，但是要经过推荐，并且要有两年的农村工作经历，正当我为此懊恼的时候，中国政治历程发生了惊天动地的转折：结束了"文化大革命"，恢复了高考。我以优异的成绩考入武汉师范学院（今湖北大学）中文系，有幸成为恢复高考后七七级的学子。来到武汉师范学院时发现，班上的同学不仅年龄跨度大，而且来源参差丰富：有军官、工人、车间主任，还有生产队长、村党支书等等，但大家都有一颗感恩、报国的心。

我的青少年时代培养了我很多很好的性格和习惯，为我后来的工作和进步奠定了坚实的基础。

首先是勤奋好学的精神。"文革"后期可以说是"饥饿"的时代，不仅物质匮乏，粮食不够吃，肚子饿；精神食粮匮乏更使人饥渴难耐。想象一下，在漆黑的夜晚赶上几里甚至十几里的小路到别的村去就为了看一场电影，见到路边一块撕破的报纸也能捡起来一个字一个字地读完，就知道什么叫如饥似渴，就可以知道青年人追求知识的热情和执著程度。考上大学得到了读书的机会，所有的同学都是抱着感恩的心在争分夺秒地学习，那些以前梦想的文学作品让我们喜不自胜。这种如饥似渴的学习习惯使我受益终生，我至今仍保持着高昂的读书激情，这不仅是作为一名教师应有的基本素质，也是作为一名教育管理者必备的能力。一个不能坚持学习的人，是不能保持与时俱进的。

其次是积极向上的精神。我们的青少年时代"君子固穷"，但不坠青云之志，幸福感、荣誉感强烈，要求进步、追求积极，做事专心致志，不顾得失，一往无前。这与我后来不论遇到什么困难，始终保持积极昂扬的精神状态，义无反顾地推动学校各项改革，不计得失，不计毁誉有直接的关系。

其三是做人老实、做事踏实。我是农民出身，遵循父母训导：做人要老实，做事要踏实。做人做事不欺人、不欺心；是即是，非即非，坦荡处世，坦诚待人。这点成为我的做人基准。

江湖夜雨十年灯

我是一名光荣的人民教师，我的天职是教书育人，从教的科目是语文。从 1982 年到 1998 年，我教了 17 年的语文课。早在当民办教师时，我就展示了一名优秀教师的潜质，曾数次在汀祖镇全体教师大会上介绍教学经验，两次光荣出席全县先进教师代表大会。

大学毕业后，作为一个年轻的语文教师，我敏锐地发现，本应是天宽地阔、生动活泼的语文课已演变成了仅限于课本、老师包讲学生包听、死气沉沉、极不受学生欢迎的学科。

　　我把"还语文教学本来面目"作为教研教改的主攻方向。努力追求语文教学新境界，把"变小语文为大语文，变封闭式教学为开放式教学，变以教师为中心的自我欣赏课为以学生为中心的点拨鉴赏课"的"三大变"作为教改核心内容。

　　教学中树立生活即语文的大教育观，摆正教与学的关系，以导为主，把学生的视野引向丰富的课外阅读和广阔的社会生活，培养学生学习语文的兴趣和能力。如文言文教学，彻底变字字落实句句翻译的串讲法为以"读"和"悟"为主的自学法；文学欣赏教学变老师照着教参"自我欣赏"的包讲法为老师引导学生共同鉴赏的开放性讨论法；作文教学，变由老师命题，学生只得"无病呻吟"的陈旧方法为引导学生观察生活，师生同题写熟悉的生活，抒发真情实感的"活水"法……

　　经过这样一些教改尝试，我的语文课充满了生气，深受学生欢迎。我所任教的班级语文高考成绩一直名列前茅：1988 年所任教的 304 班，优秀率全校第一；1990 年任教的 301 班高考均分超出年级 6 分，比最低班级高出 11 分，创造一中语文高考均分差最高纪录；1993 年任教的 305 班高考有效分比例全校第一；1996 年任教的 303 班有两个学生分别以 128 和 124 分的成绩勇夺全市语文单科第一、二名。1988 年考入武汉大学的胡强同学在寄给我的贺年片中深情地写下了这样一段话："我在武大听了半年课，没有哪一门课有您给我们上的语文课精彩，深深地感谢您……"作为一名老师，得到学生如此的肯定，付出、辛苦都值了！

　　我们一直追求优质的教育，但何为优质的教育？仅仅是高考分高升学率吗？显然不是。优质的教育是科学的教育，它遵循教育本身的发展规律和学生的成长规律；优质的教育是有限的教育，它绝不同于应试教育，把学生束缚于课堂，禁闭于学校。优质教育深知，学校只是学生某段人生中的一个环境而已，学习只是学生生活中的一项任务而已，它无法也无权占据学生所有的时间。它要做的是，当学生在学校时，为其提供最好的学习环境，然后放心大胆地把其他的时间交给学生自己。是的，学校无法把大千世界的诸多美好搬进课堂，唯有让学生自己去经历去体会。正是这种有限的教育才能保证学生无限的发展空间。

当教育这个产业在不断地从加班加点的粗放模式向低投入高产出的集约模式转变时，科研兴教、科研兴校的主题就摆在了教师的面前。科研兴教、科研兴校的基本含义是要通过提高教师的科研素质来提高教育过程的科技含量，从而提高整个教育的水平，培养高素质的人才。自任教以来，我始终致力于语文学科知识的探索和教学方法的探求。语文教学要把精准的语文知识传授给学生，也要把灵活的方法应用于语文课堂，由此才有鲜活的语文教学。我曾在《语文教学与研究》《一中教研》等杂志上发表文章，讨论自己在语文教学中遇到的点点面面的问题。我始终认为，教学与科研是不分家的，教学绝不仅仅是在所谓的教参的指导下把规定的教学任务完成，教学是一种创造性活动，其创造性集中体现在教学中的求精求细求真求深。在教学实践中，对已有定论和成果的反思，在反思基础上的延展和创造，永远是教学"不落窠臼"的密钥所在。

我的教研教改走的是科学发展道路，是以科学的精神、科学的方法减轻学生学业负担而提高质量。

杨柳春风一杯酒

师者，传道、授业、解惑。教师不仅是教书，更重要的是育人。

从1995年开始，我在副校长的位置上工作了两年。这两年，我把学生"三自"能力的培养作为教育转轨的重要突破口来抓，作为素质教育的重要抓手来抓。把"施之以爱熏陶情感"作为中心主题，培养"三自"（自治、自立、自强）能力，强化素质。在全校教学实践中探索德育工作的实效性和科学性，注重提高德育工作的科技含量。不仅追求宏观的教育公平，更在班级教学中把微观的教育平等视为教育的基本道德，对后进生、贫困生给予更多的关爱。为了培养学生健康的情感，十分注重教育实践活动，致力于在各种健康有益的活动中教会学生学会做人、学会学习、学会创造。把班级管理、学校管理作为宝贵的教育资源，让学生充分利用、充分享受、充分发挥。

1997 年开始至今，我在校长位置上已经工作了 15 年。我更多地思考宜昌一中健康发展、全面发展、科学发展、持续发展的问题。主要推动了三大改革：

第一大改革是人事制度改革。1997 年，我国的事业单位人事制度改革尚未起步，提倡多年的聘任制一直得不到实行，学校管理基本上停留在"大锅饭""铁饭碗"阶段，缺乏竞争机制。上任伊始，我就主持起草并经教代会讨论通过了《宜昌市一中五年发展规划和十年奋斗目标》，制订了发展蓝图，振奋了精神，凝聚了人心，为一系列的改革铺平了道路。紧接着我又主持起草并经教代会讨论通过了《宜昌市一中管理体制改革方案》和《宜昌市一中聘任制方案》以及《宜昌市一中低职高聘和高职低聘条例》等重大改革方案，迅速进行人事制度改革，在全市教育系统中第一个实现了全员聘任制。

第二大改革是劳动工资制度改革。几乎与人事改革同时，我主持起草并经教代会讨论通过了《宜昌市一中校内津贴调整方案》，将每个人的国拨工资的 30％划出来，连同学校自筹的资金一起，实行多劳多得，优质优酬，一举打破了"大锅饭"的平均分配制度。这两大改革是在一年之内完成的，实现了人员可进可出、干部可上可下、职称可升可降、工薪可增可减的改革目标。这两项改革是最基本的改革，是为实施素质教育铺路的改革。我深知，我的目标是素质教育，如果不先进行这两项改革，素质教育的实施是无法想象的！因为素质教育既要全面发展，又要提高高考升学率，没有强有力的竞争所形成的效率是不行的。

所以紧接着这两大改革，我开展了第三大改革——素质教育改革。如何摆脱应试教育的羁绊，为国家培养真正全面发展的人才？1998年我主持起草并经教代会讨论通过了《宜昌市一中素质教育实施方案》和《宜昌市一中名师工程实施方案》，开始了全面推进的素质教育实验。首先逐步建立了适应素质教育的课程结构——"四三制"课程框架，即启用三张课表（必修课、选修课、活动课）、开展三大节（每年一次的体育节、科技节、艺术节）、开发三大平台（校园电视台、广播台、校局域网）、办好三大报刊（《宜昌市一中报》、《一中教研》、文学刊物《前茅》）。这个课程结构已经基本具备了现在才开始实施的高中新课改的雏形，是促进学生全面发展的重要载体。开发出这样的课程，凝聚了全校教职员工的心血，在全省都是很难得的创造。为了确保素质教育可持续地发展下去，防止较为完备的课程结构被应试教育肢解，第二步建立了适应这种教育模式的评价体系。我的基本原则就是，素质教育的阻力在哪里就把评价制度建立在哪里。牵牛要牵牛鼻子，就是这个道理。

三大改革，看似平常，但意义非凡、风险很大。从小培养出来的勇往直前、不计毁誉、积极乐观的精神帮助我挺过了改革的艰难时期。

三大改革的同时，我全力推动一流的教职工队伍建设。振兴民族的希望在教育，振兴教育的希望在教师。教师培养工作是学校持续发展的战略问题。我在全校推出新老教师结对帮扶、抓好教研组和备课组建设、优质课竞赛、派出培训等多项措施，提高教师的综合能力。15年来共有44人次33名教师获得省级以上优质课竞赛一等奖，其中14名获得全国一等奖。仅在2010年就有9名教师获得这一荣誉，其中赵伟老师获全国政治优质课特等奖，胡君猜老师获湖北省生物优质课一等奖第一名，鲍同强、钟卫华老师获湖北省数学优质课一等奖第一名。一流的教师队伍是我校实施素质教育的基本支撑。

多年来我坚持用教育家的标准努力打造自己，保持思想与时俱进，不断提高对教育规律和本质的认识，不断加强青少年成长规律和学习规律的研究，不断提高政治素养和业务素养。人生的境界也不断提升。1990年被提拔为学校教务处副主任，1993年光荣地加入中国共产党，同时被评为湖北省语言文字先进工作者。1995年任学校副校长，被国家教委和人事部联合评为全国优秀教师，并授予优秀教师奖章。1997年任校长，评为湖北省特级教师。1999年获得湖北省政府专项津贴专家和宜昌市优秀专家称号。2000年被聘为三峡大学兼职教授，2002年聘为中国中西部教育顾问，2007年兼任湖北省语文教学研究会副理事长，2008年被中国地理学会评为"全国科技先进校长"，2009年被聘为华中师范大学免费师范生导师。我还是宜昌市第三、四届人大代表，市人大教科文卫委员会委员。由于我具备了一定的政治和教育理论功底，尤其是带领我校实施素质教育的实践产生了一定的影响，我应邀到过辽宁铁岭市、河南焦作市、湖北武汉市和襄樊市等地讲学，都产生了较大的影响。

偏多热血偏多骨

宜昌一中现在的校址是上世纪50年代奠基的，不到80亩土地。由于历史的原因，北门外正街两片共32户民居，校园西北角一片66户民居像三把大刀楔入校园，影响学校教学和校园环境。我以巨大的勇气，整合社会资源，积极争取市教育局和市政府的支持，分别于1998年和2003年将他们全部搬迁。2010年又搬走了两栋于1980年竣工的教师宿舍楼，在此基础上建成了一栋一万余平米的学生生活大楼。我在15年的任期内，搬走了校园周边136户人家（包括育才路一家），扩大校园面积十多亩土地，共耗资1682万元。同时于1999年搬走校园西北角校办涂料厂，在伍家岗区合益村购得近10亩土地建涂料厂，现已增值不少，是学校的一笔财富。现有校园内的所有建筑除了体育馆外，都是在我手中完成新建或改建的。改扩建之后的校园，功能齐全，绿树成荫，品位高雅。以校庆为契机，我以极大的热情争取社会各界支持，成立了宜昌市第一中学发展基金会，筹得资金近千万元，这将是一中宝贵的一笔财富。宜昌的一些企事业单位，如兴发集团、湖北宜化集团、安琪酵母集团、人福药业、宜昌三峡药业集团、力帝集团、宜昌天问学校等慷慨出资，表现出了对教育事业高度的责任感和对一中的信任。特别是远在北京的捷恒森公司董事长黄星先生也慨然解囊，令人钦佩！我们的一些校友，如八五届的胡俊、八六届任希嵘、九一届冯理政、九二届谭群钊等都为基金注资，爱校之情令人感动。

我在任校长期间，适逢学校 90 周年和 100 周年校庆。全校抓住这个历史机遇，着力打造健康、高雅、敦厚、朴诚的校园文化。2000 年举行建校 90 周年庆典，这是宜昌市一中校史上首次校庆，准备了三年时间，建立了建国后 30 多届校友分会，修成一中校史，弄清了一中发展的脉络。2010 年举行一中百年校庆，经过两年时间的准备，建立了宜昌市解放后历届校友会和北京、上海、深圳、广州、武汉等五城市校友分会，重修一中校史。10 月 3 日上午，由宜昌市政府主持的庆典大会在校园如期举行，来自省内外的各级领导和来宾 700 多人，来自海内外的校友 7000 多人和本校 3000 多名师生员工共一万多人聚集校园，可谓少长咸集，盛况空前。上午和晚上的文艺演出表演者全部是一中师生和校友，没有外请一个节目，反响极大，影响深远。

不悔情真不悔痴

只要有利于国、有利于民的事，我义无返顾地去追求，我的人生哲学还是定了型的。从担任宜昌市一中校长开始，我就把以前多年的思考付诸行动——反对应试教育，坚决实施素质教育。对于我个人，对于我们学校，应试教育在相当长的时间内无疑是最保险的，但对于我们的国家，对于莘莘学子则贻害无穷；对于我个人，对于我们学校，素质教育在相当长的时间内无疑是最冒险的，但对于我们的国家，对于莘莘学子则惠及百年。我没有犹豫，没带一点私心杂念地起程了。关山重重，隔不断远山的呼唤，踽踽而行，"一蓑烟雨任平生"！坚持！不能退缩，坚持！勇敢前行……终于，荆棘踩在脚下，关隘甩在了后边。有时我坐在高峰上，回望匍匐在面前的座座山峰，一股骄傲自豪之情油然而生：随着反映宜昌市第一中学素质教育成果的两个专题片共十六集节目在中央电视台的隆重播出，随着湖北省素质教育现场会在我校的召开，一中已走向了全省，走向了全国。"无限风光在险峰"，开拓履险亦风光！记得邓小平说过：我是中国人民的儿子。伟人的话我不敢重复，但我会永远记住这句话而自勉。

与妻子万宏芳在一起

按照美国人的观念，一辈子不跳槽不换岗几次，就算是庸人一个。我从大学毕业直到如今，在一中已有 30 个年头，所以我的平凡也就不难理解。或许是出身贫苦，得到党和政府的关怀、人民百姓的爱护太多之故，我对这个伟大的国家，这个风云际会的时代，这所古老而年轻、深沉而又朝气蓬勃的宜昌一中怀有深深的感恩之情。回首从教三十年，一路走来，"绿阴不减来时路，添得黄鹂四五声"。不悔情真不悔痴，从未后悔选择了教育这个神圣的职业，从未后悔选择了教师这个光荣的人生。

最后，我想说的是，在艰苦创业的日子里，感谢那些三十年来一直给我无限关怀的上级和领导，感谢那些三十年来一直给我热情支持和砥砺学行的同事和朋友；特别是我的妻子万宏芳，她默默地承担了家庭的重任，给予了我可贵的支持。她一方面鼓励、督促我积极进取，另一方面营造了一个整洁、温馨的家庭环境，让我安宁地休憩，给我以精神的慰藉，给我以进取的动力。很难想象没有她的支持，我能走到今天！

三十年笔耕不辍，今朝结集付梓，姑且留与他年说梦痕吧！

陶三发

2011 年 6 月写于宜昌

他序（之一）

——从教三十年回眸

与中央教科所所长袁振国在一起

上个世纪 90 年代，华东师范大学教育系与宜昌市教育局联合举办教育管理研究生课程班，三发同志是班上思想最活跃、最富有朝气的同学之一。后来不断听到他带领学校前进发展的消息，非常高兴。这本书是他多年来奋斗的历史和思想的足迹。作品分经典语丝、素质教育、校长管理、教学研究、教育人生五大部分，素质教育的思想和教育行为构成了这个集子的一条红线。教学论文不多，主要研讨的是开放性的语文教学方式，这与素质教育的要求是一致的。教育与管理的文章强调"活"字，反对"死"字，总是从学生未来在国际舞台上所需要的能力出发，以培养充满活力和创造力的人才为立足点，用极大的热情具体阐发了如何全面贯彻党的教育方针、遵循教育规律、开齐课程、开足课时，让同学们全面发展从而获得终生发展的能力的各个要素。细心的读者可以在这一系列文章的阅读中发现宜昌一中推行素质教育的初衷，也可以从操作层面检讨这些供学生综合素质全面发展的课程——体、音、美、劳动技术，社团活动，社区服务，社会调查，研究性学习，发明创造，科技节、艺术节、体育节——的实施办法。30余年来，他教书理校的涓滴心得浩浩然汇成了这个集子，体现了他办一流教育的不懈追求。

当中学校长是很辛苦的，也是大有作为的，他们是一所学校的核心和领跑人。从三发同志给学生的讲话中可以看出来，他是一个很有激情的校长。他的激情首先来自教育报国的理想，他渴望祖国更加强大起来，提升民族尊严；其次，来自于教育富民的渴望，他希望从他学校毕业的每一个学生都能发家致富，摆脱贫困。我们可以清楚地看到他甘冒风险舍弃风平浪静的应试教育而走素质教育这条充满艰难的发展之路的精神动力。相对于应试教育，素质教育更重要也更艰难，而坚持素质教育十五年之久，这就特别难能可贵了。这支撑着他勇敢而又艰难的前行的激情的背后，既有对教育规律的尊重，更有一个人民教师、优秀校长的梦想！

素质教育为什么难以推动？决定校长选择何种教育模式的内在关键因素到底是什么？一个校长对推动素质教育能做到什么程度？各级政府和教育行政管理部门应该为他们做些什么？读了这本书会给我们有益的启示。

中央教育科学研究所所长　袁振国

2011 年 5 月 13 日

他序（之二）

我在一所学校做校长的时候，喜欢留心一些管理好质量好的学校以便于向它们学习提高自身素质办好学，宜昌一中就是其中的一所学校。后从一些媒体看到有关宜昌一中的报道，特别是陶三发校长的文章，我更是读懂了这所学校：是有思想的校长，优秀的教师团队，长期积淀的校园文化，成就了这所学校。在成立九校联合体的时候，我们常在一起探讨教育教学和学校管理的策略和措施，所谓百闻不如一见，这就有了后来与该校长期保持联系，与陶校长保持交往的故事了。

我很欣赏宜昌一中的做法：在推进素质教育的进程中，师生同劳动同做操，学生喜欢发明创造，教师全员育人悉心规划学生生涯，丰富多彩的文化生活，还有陶校长的富有激情富有宽阔视野富有教育意义的致辞讲话，还有活泼充满个性学生喜欢并参与的校园网站——我也悟出了一个好校长意味着一所好学校的真谛。

我喜欢与陶校长交往，因为他很真，因为他肯思考问题，因为他把学校看得很重，因为他把学生的点滴进步当成最得意的事。他充满睿智，他注重实践，他怕理念落后总在学习并追求新思想，他喜欢挑战，他锐意改革，他更愿意探讨教育规律。这些决定了一个优秀校长的优秀品质。

我有两次在网上阅读了陶校长的元旦献词后，忍不住给他打电话。我说，当今的校长，尤其是示范高中的校长，开口闭口讲的无非是高考升学率，无非是勉励学生发奋苦学，而陶校长讲的是世界的发展形势，中国的发展成就和面临的挑战，激情澎湃，颇有震撼力。我知道他的学生很喜欢听他的演讲，亲切地称他为"发哥"，戏称他是"GDP 校长"——他把中国的 GDP 从世界第六讲到了世界第二！他的视野是世界发展潮流对中国青少年的挑战，是中华崛起的梦想对教育强国的期盼，他的道德追求是一个有使命感和良知的教育工作者对教育事业的勇敢担当。他对素质教育是一往情深，一以贯之地追求和实施，踏踏实实，没有半点虚假。我知道他的苦恼，更知道他一往无前的豪情。在柔媚的文风盛行的今天，陶校长的文风一如他的工作作风也是毕显锋芒的，充分表现了他的个性。

当他告诉我，要把三十年的经历和文章辑成集子，我没有感觉到意外，有心人总能做成大事，这也是在谦虚地帮助他人。我希望集子早点出版，这样就能让更多的校长教师和教育工作者早受益。我也希望长期进行行动研究的校长教师以及教育工作者来做这件事，因为专家来自一线，教育家更来自一线。

感谢陶校长做了一件有意义的事情，让我在阅读和学习中受到借鉴和启发，分享陶校长的喜悦和成果。乐为此作序！

湖北省教育厅副厅长　黄俭

2011 年 4 月 22 日

他序（之三）

与傅东缨先生在一起

古有鸿雁传书，今有电子邮件。

湖北省宜昌一中校长陶三发先生将他从教三十春秋的知行感悟荟萃成一部大书，发给我求写一个序，凭我们之间多年的神交加之彼此的深切关注，他实属理在自然，我亦情出自愿。

几十万字的文稿汇成了一条浩浩荡荡的教育生命的河扑面而来，让我眸眼明亮，心神沉醉，怀有一种不读不快的急切寻求。我浏览在该书的字里行间，大广角、多方位、立体化地观照了一个教育者的心路历程，透视着一所百年老校勃发崭新风采的秘籍宝典，感受到掌门人鲜活而深邃的思想主张对全校师生的精神引领与生命推助，还从新时期教育大流令人瞩目的潮头浪花浮想到处于教育发展历史节点上的校长、教师乃至学生可能扩展的思维空间、可以创造的人生传奇。

书如其人，人是其书，人书合一。这本书展现出运营者的有魂有魄的教育管理学。

校似丰碑，师生若文，碑文一体。这本书揭示了活生生的有血有肉的人才成长学。

——

诚直、奔放、蓬勃、忘我、随和的陶三发先生来宜昌一中供职三十载。

宜昌西接三峡，自古以来，守望着这条中国文人墨客梦绕魂牵的人文圣地、悠远而瑰丽的中国诗歌的长廊。

在千年封建王朝即将在辛亥革命的枪声中灰飞烟灭、一个崭新而伟大的时代正在孕育的1910年，"宜昌府中学堂"应运而生。此后，这所学校十五易名，七迁其址。当辛亥革命爆发，学堂成了军营，学校只好迁址于东晋学术巨擘郭璞洗墨地，北宋苏轼、黄庭坚学书之所的墨池书院；当日寇的铁蹄踏进宜昌大地时，一中人毅然将校址又搬到鄂西恩施山区，让她薪火相传。阅尽西部教育沧桑，吞吐鄂西人文精华，她历尽风云，几欲陨灭，历经清末、中华民国、中华人民共和国三朝的百年一中，犹如穿越历史隧道的一盏明灯，承千年文脉，放七彩辉光……

在陶三发先生及其同仁们的共同戮力下，宜昌一中秉承千年的中国文根、华夏诗脉，汲取巴楚文化的精魂；日新月异、气象万千，吞吐世纪浩渺之正气，卓然成为中国西部教育圣园的一颗耀眼大星、华夏基础教育的一张名片。

半是教书，半是理校，陶三发先生在这座杏坛默默耕耘，上下求索，教书达至特级教师中的大家，令1988年考入武汉大学的学子胡强在寄给他的贺年片上发出"我在武汉大学听了半年课，没有哪一门课有您上的语文课那么精彩，愿您特有的中国学者的'儒家风度'更加飘逸、潇洒"的深挚感慨；理校练就优秀校长里的高手，让这所学校再度成为楚天名校、国之圣园。若综合而论，陶三发的光鲜与贡献尤其出在担任校长期间。

<h1 style="text-align:center">二</h1>

校长是一校之魂、一校之君。"一名好校长就是一所好学校。"（柳斌）大教育家陶行知在《整个的校长》一文说："做一个学校校长，谈何容易？说得小些，他关系千百人的学业前途；说得大些，他关系国家与学术之兴衰。"

校长难当，中国校长更难当，中国名校长尤更难当。这源于我国特殊的历史大环境："文革"遗风，精神失序；社会转型，矛盾丛生；价值多元，人心浮躁；规律搁置，竞争变态；众人多醉，金鸡难立。

十几年前，笔者采访国内2500位校长时感悟校长有三类：终日按部就班"日出而作，日落而息"，绩效无声无息者为"牛"校长，此是小打小闹的小校长；大事了然于胸，摆布井井有条，结果偶现一线光彩者为"马"校长，此是中规中矩的中校长；领航深度思想，善于独辟蹊径，持续高端发现者为"龙"校长，此为大眼光大境界的大校长。以上即走、跑、飞三类校长。

我从陶三发那深邃而睿智的求索，创新而独特的践行，更有那执著而高远的追求乃至理校育人的硕果中由衷感到：他就是那种有大眼光大手笔、能创造教育现象、搅动教坛格局的"龙"型大校长。他是宜昌一中的舵手，集精神导师、学术领袖、行政掌门于一身，带领一届届师生进行了有声有色的创造，演出了一幕幕威武雄壮的改革大剧。

我自2003年至2010年曾四次访问这所名校，满眼看到的是深厚的教育底蕴叠印而成的经典华章，满心感受的是浓重、辽远、深沉而自信的文化呼吸。

以下为笔者偶见——

早晚自习课，各教室里没一位老师看管，学生静悄悄地读书、做题、沉思，像花木如饥似渴地默默吸水；

第20个教师节之夜，湖北省歌舞团来该校演歌剧《洪湖赤卫队》，3000名师生在操场上观看，谢幕后人去场空，我惊诧草坪上竟无一块纸屑痰痕，更甭说矿泉水瓶之类，每一寸校园都如此经得起推敲；

毕业典礼中途恰逢一场急雨，操场上打伞的、没伞的师生都不为所动，典礼继续进行，当主持人宣布唱国歌时，伞"哗"地收了起来，所有人肃立在雨中，激昂的国歌声穿过雨声响彻校园；

校艺术节上，高二（2）班自个编演的《风华正茂》登场——在孙超然飞灵的手指间，舞台卷起狂风般钢琴的旋律；身着黛色西装白衫红领结的"小提琴家"陈坤款款上台，钢琴轻伴，琴弦交响，舒伯特《小夜曲》的轻柔音符宛如无形的银线飘出；风度翩翩的曹又文曼踏琴声，深情地依依诵起《再别康桥》："轻轻的我走了，正如我轻轻的来"；舞台渐暗，一束追光下，穿着布鞋唐装的王既盈挥毫泼墨，遒劲的行体大字"平湖秋月"伴着范子莹富于弹性与质感的笛鸣，曲终而恰好收笔；

当校歌再度唱响，一年一度的科技节拉开帷幕。操场上，颜色各异的遥控航模伴随嗡嗡的马达声飞上空中，翻转、俯冲、盘旋。各班研制的水火箭"噌噌噌"冲上天宇，一个比一个高。开幕式后，科技成果展览馆人潮如织，专家报告会、发明创新发布会听者济济，这所"全国发明专利第一校"说不尽的光鲜动人；

千秋长江水，百年一中魂。2010年10月3日，金风送爽，艳阳高照，来自五洲四海8000名各界人士、校友和该校近3000名师生，欢聚一中校园，同庆百年华诞，群贤毕至，少长咸集，欢歌笑语，忆往说今，星闪斗烁，相映生辉，云蒸霞蔚，气象万千……

历史的记忆，现实的慧眼同时述说：陶三发和他的师生们正用智慧、忠诚与勇敢，书写着出理论、出思想、出精神、出特色、出品牌、出人才、出持续激情、出骄人硕果的宜昌教育神话。在他们的劳作里，教育得到了圣化，生命迸发了精彩，人才涌动出大潮。

当素质教育宛如蓝天上几朵美丽的白云，应试教育涛声依旧之时，宜昌一中率先发出了"超越应试，激活生命，以人为本，奠基人生"的素质教育宣言；当中国教育身陷迷路，深化改革不敢触及高中教育这块雷区之时，宜昌一中却以弄潮儿的一系列成功践行，演绎了素质教育"前提在理念，关键在校长，出路在改革，成功在守望"的排头兵的风采；当众多学校无可奈何地沦为考校、师生焦头烂额地沦为考师（生）之时，宜昌一中却致力于人的解放与超越的精神家园的全面建构。对这块素质教育的绿洲，原国家教委主任、国家总督学柳斌先生欣喜地给予题词赞许，《人民教育》也发表长文及图片重点报道。

这里守望着的教育本真常识和教育发展生态昭示人们：

课堂原本就是师生思维、智慧和生命交响的歌厅；

学校原本就是人们成长、成功、成才火热的炼场；

教育原本就是社会文雅、文明、文化孕育的产床。

三

文章至此，我们该顺理成章地走进陶三发的心灵，观照一下他究竟具备何等内涵何等才干，换言之，他的成功到底拥有哪一些足以给人启示的特殊的素质？

他有理想的梦——有梦才有远方，有需求才有追求；而无理想之梦者，只能是无所事事之辈，无所作为之徒。陶三发志向高远：做人，就做真人；做师，就做名师；做校长，就做大校长；办教育，就办兴国强民、益师利生的素质教育。行此教育之旅，他心坚如铁，气势如虹，不屈不挠，上下求索，从不左顾右盼，也不瞻前顾后，一切以国家民族的迅速崛起为任，以牺牲学生的功利主义为耻，养浩然正气，讲全面育人，其心可鉴日月，其胆可吞山河！

他有行动的翅膀——有行动证实心动，有行为才有作为；而无行动者，只有坐山而山空，守铺而铺黄。陶三发言必信，行必果，定了就干，雷厉风行。老师们说他"办事讲效率有魄力"。1997年他就任校长，立马实施人事制度、工资制度、素质教育三大改革；自1998年起，就建构起"四三制"课程框架，即启用三张课表（必修课、选修课、活动课）、开展三大节（每年一次的体育节、科技节、艺术节）、开发三大平台（校园电视台、广播台、校局域网）、办好三大报刊（《宜昌市一中报》、《一中教研》、文学刊物《前茅》）。此课程结构初具高中新课改的雏形，成了学生全面发展的载体。

他有思想的锋芒——有思路才有出路，有思维的超速才有行动的超越；而思想钝化者只会入随帮唱影之流，讨随遇而安之窝。阅读这本书，每一篇文章，多有新意；每一个思路，不落窠臼。他以前瞻性的哲思与深邃的文化底蕴，知行结合，理念为践行引路，思维像超速旋转的陀螺，"大脑像升火待发的军舰，准备随时开向任何思想的海洋"。于是，他立于教育发展之高端，守望圣园建设之前沿，腹容通古察今之策，眼含穿云破雾之功，不为一时风潮而动容，能立中流砥柱以定势，擎起思想旗帜，汇集精神星光，让事业花团锦簇，人才浪涛奔流。我曾请他来铁岭市讲学，逾千听众莫不为他的超前理念所深深震撼。

他有激情的火种——有激情才有热情，有星星火种才有燎原火焰；

而缺失激情者，只怕事业光冒烟而不蹿火，有奄奄气息而无勃勃生机。笔者接触陶三发校长，发现他对人热情似火，对事业激情四射！即使心灵遭遇磨难他也只有沉思中的苦闷彷徨而不见丝毫的心灰意冷，而笔者又发现我们身边疲惫的城乡、疲惫的教师人群中，激情似乎早已被过度蒸发。陶三发的教育生命何以显现如此的昂奋状态？莫不就源于他"立足教育报效祖国，执鞭教坛教书育人"的人生理想吗？莫不就践行他的"求索宜在远，高处未必寒"的信念格言吗？

他有个性的高峰——有领头人的个性才有团队的个性，有勃发的个性力才有喷涌而出的创造力；而无鲜明个性者，只配领属下与平庸为伍，和俗套结伴。个性耸起生命的巅峰。陶三发的个性是什么呢？是天赋与磨砺而成的睿智，是宗教般追慕真善美的执著，是对神圣教业永不稍懈的进取，是凝视高端目标心不旁骛的坚守。他的如是个性，强力催助着他的事业与人生不断地走向圆满。

读着丰富、颖慧、幽邃、实在的这本书，有感于陶三发校长创造型的教育人生，不禁心潮起伏，情丝缕缕，遂从心里流淌出如上一些文字，是为序。

著名教育文学家　傅东缨

2011 年 4 月 2 日清晨于辽宁铁岭市心香书斋

目　录

第八章　第三只眼

附录　一中文件

楔　子

百年宜昌一中

2010 年 10 月 3 日是宜昌一中迎来建校百年庆典的特别日子。这所以素质教育闻名省内外的省示范高中，作为宜昌市历史最悠久的中学，在宜昌市教育发展史上创造了多项第一：第一所官立中学堂、第一所设立高中教育的学校、第一所省级重点中学、第一所省级示范高中、毕业生最多、升入北大清华学生最多的高中……

出西陵峡口，至三江之滨，跃入眼帘的是："上善三江水，大智一中书"联词，这就是位于西陵二路 4 号的楚天名校宜昌市第一中学所在地。湖北省宜昌市第一中学，发端于 1910 年（清宣统二年）创设的宜昌府官立中学堂。这所百年老校，7 次迁址，15 度易名，浓缩了宜昌教育发展史的曲折轨迹，伴随着国家民族的沧桑巨变，却历久弥新。

1840 年的鸦片战争后，民族的危机空前加剧，使举国众多的有识之士要求变法图强。受命都督湖北举办洋务的张之洞，深感"国势之强弱在人才，人才之消长在学校"，极力兴办各级各类学堂，以培养所需的洋务人才。1905 年 3 月（光绪三十一年二月）知府齐耀珊在学院街考棚兴办了宜昌府初级师范学堂。1909 年 7 月学生毕业后，初师停办。1910 年

（清宣统二年），就由宜昌府初师改办为宜昌府官立中学堂。

1910 年 6 月，府中学生唐人端、李冀万、蔡万钟，约同旅日同盟会会员胡冠南组织成立宜昌公益会，并立即在军、警、商、学界及川汉铁路工人中开展推翻清朝统治的秘密革命活动。1911 年 10 月 18 日宜昌举义反正，公益会会员起了很大作用。

辛亥革命爆发后，府中学生散去而实际停办，军队占据其中。国民政府建立后，废除了府、州建制。湖北省将原有的府州领域划分为 11 个学区，宜昌府划为第九学区，所以学校定名为"中华民国湖北第九区彝陵中学校"。1912 年将学堂改称学校招生时，学生重聚，乃迁址于墨池书院。九区彝中学制四年，毕业生多服务于当地。1931 年区专员呈报说，"迄今鄂西一带教育事业多为该校学生主持，自民元年至十一年皆称彝陵中学"。民国初期，学校规模较小，常年有学生 150 人左右。教师一般在 8—13 人，多是地方教育界名流，如一门三代兴学的张秉元，后来出任宜昌县教育科长的张本槐等。1924 年，按全省统一编制系列，九区彝中又改称"湖北省立第十二中学校"。

1926 年秋，因受北伐战争的影响，省立十二中与省立第三师范学校都停办。1927 年 1 月，省立十二中与省立第三师范学校两校合并，改名为"湖北省立第四中学校"。2 月，省政务委员会委派毕楚翘为校长，来宜恢复办学。将墨池书院设为二部，将三师旧址东正街文昌宫设为本部，并附设高中师范科。4 月，蒋介石发动"四·一二"反革命政变，杨森、夏斗寅附逆。5 月，川军杨森部占据宜昌，查封"省立四中"，师生俱散去，学校被迫停办。1928 年 4 月复课招生，郑万选任省立四中校长。是时，学校引入先进的教育思想，建立起较全面而严格的管理制度。其后，教学设施渐趋完备，图籍标本丰富，体育运动更是有声有色。1934 年 9 月遵令添设普通高中班，省立四中成了鄂西首屈一指的、可按学年升学的"三三"制完全中学，更是声名远播。从 1928 年 5 月到 1935 年春，由复课时 7 个班发展为 12 个班，在校生由 200 名左右增加到 600 余名。当时，省立四中的共产党地下活动活跃，组织学生活动，宣传爱国思想。1938 年任中共宜昌特支书记英年早逝的苏震，还有中共革命活动积极分子蔡世昶等，都是省立四中早期的学生。

1935 年 6 月，湖北各校因地命名，省立四中奉令改称为湖北省立宜昌中学。樊树芬继续担任校长，当时男部设在文昌宫、武圣宫和节烈祠，女部设在墨池书院旧址。宜昌中学的校风严谨，深得社会赞誉。原中科院院士文圣常先生曾就读于宜昌中学。

1938 年初，日机再次轰炸宜昌，师生生命安全已经受到严重威胁。2 月，教育部在湖北郧县设立国立湖北中学，以收容流亡湖北的学生。7 月，湖北省政府为适应战时环境，有计划地将学校向鄂西鄂北转移，遂将本省 47 所省立、市立和私立中等以上学校合并为湖北省立联合中等以上学校，简称"湖北联中"，设分校 22 所，各设分校主任 1 人。1938 年 9 月，郑万选任湖北省立联合中等以上学校均县武当山高中分校主任，奉令接收武昌中学、武昌高中、江陵高中、宜昌高中等四校员生和图书仪器等，以此为基础，组成"联中均县武当山高中分校"。郑万选主任率员生取道宜昌，徒步沿施宜官道前往巴东野三关，后定校址于建始县三里坝镇。1939 年 7 月，省教育厅令改名为湖北省立联合中学建始中学分校，分校主任改称校长。此时全校有高、初中各 12 班，学生 1192 人，教员 73 人。1940 年 4 月，初中部分迁出，迁往宣恩县高罗，本校又改称为"湖北省立联合中学建始高级中学分校"，简称"建始高中"。1940 年湖北省政府决定按行政督察区改组联中，规划抗战胜利后将建始高中迁到宜昌，而宜昌是第六行政督察区，1941 年 6 月，建始高中改称为"湖北省立第六高级中学"。

1938 年秋至 1946 年，学校虽处鄂西南一隅，但师资是原省高和省一中的班底，名师很多。教师学识渊博，诲人不倦，含辛茹苦为国育才。

这些深受同学敬重的老师有王言纶、严栋开、余光远、马丝白、冀程遥、熊大权等。学生也是优中选优，不仅学习成绩优良，而且思想活跃。学生们组织"读书会"，创办壁画墙报，演出话剧《雷雨》《古城的怒吼》等。学校实行军事化管理，严控学生言行，严查学生邮件，严防异党活动，多次发生逮捕学生的事件。这期间学生中有陈以文、张国维二烈士，还有新中国成立后在不同行业取得卓著成就的闻立智（黎智）、杜子才、金太康、仓孝和、陈炎农、李福汴、汪健生、张端庆、朱维藩、张良皋等校友。当年省六高的故事，今天仍是三里坝老街上老一辈人的话题。

1946年3月，苏志杰校长负责将省立六高迁复宜昌，暂以土门垭日军所遗兵营为校舍。师生苦于寒热荒鄙，不便者实多，对教学影响不小。1947年2月，始得搬回城区，以居士林为本部，二部在至善堂，三部在西坝皂角树巷，学校乃更名为"湖北省立宜昌高级中学"。师生分3处上课，校舍为破庙或民宅，办学条件甚为艰苦。三年内战时期，国内政局不稳，经济困难，师生人心不定。至1949年春，省立宜高的办学条件仍未得到根本改善。

1949年7月16日，宜昌解放。7月26日，宜昌市人民政府开始对原公私立中小学教员进行登记，将原省立宜高、省立宜昌中学及宜昌县立初级中学合并成为"宜昌市立中学"，分设初中、高中二部，高中部移址黄草坝。市军管会派干部到校协助工作，成立了校务委员会，负责学校恢复工作事宜。10月，为便于教学和管理，高中部遵令恢复"湖北省立宜昌高级中学"旧名。

1950年春，迁校于怀远路原省立初中旧址（今红星路），学校改称"湖北省宜昌高级中学"。1951年秋，学校招收56名初一学生，学校改称为"湖北省宜昌中学"。1952年秋，学校分出初中学生，又恢复校名为"湖北省宜昌高级中学"。1953年2月，迁址于教军场11号，并定址于兹，从此本校有了一个长期稳定的发展环境。当年，宜昌高中被列为省属 7 所重点中学之一。

建国初期，百业待兴。在土地改革和抗美援朝中，本校一大批优秀毕业生响应祖国号召，参军参干或直接参加土改、农改工作。学校规模不断扩大。宜昌高中面向宜昌地区九县一市工农子弟扩大招生，1952 年秋和 1953 年春，连续新招学生 8 个班 383 人和 8 个班 386 人，班级数由 1952 年春的 8 个扩大到 17 个。

1954 年 4 月，宜昌专署筹建"湖北省宜昌第二高级中学"，本校奉令改称为"湖北省宜昌第一高级中学"。1956 年 9 月，湖北省各校因地统一派名，校名又更改为"湖北省宜昌第一中学"。

20 世纪 50 年代，全国各行业学习苏联，学校注重教学常规的研究，规范了教学各环节的具体内容，建立了教学检查制度。学校注重对学生进行共产主义理想教育，组织学生参加各种社会调查和社会实践活动，鼓励他们奋发向上。自 1952 年秋陈光勋任校长以来，学校办学成绩斐然。原中国工程院院士潘垣、天文学家李启斌、计算机专家何华灿、火箭专家鲁昌鉴、水资源专家陈传友等一批成就卓著的专家学者，就是这一时期的杰出校友。至今深受老校友们尊敬和怀念的教师有赵春珊、张映澜、陈光勋等。

1958 年在"教育革命"的大背景下，一中进行勤工俭学、教育和生产劳动相结合、缩短学制的改革试验。学校大办农场、大办工厂、大办钢铁。

1960 年秋，学校与得胜街小学合并试行中小学十年一贯制。小学 21 个班 1059 人，初中 8 个班 372 人，高中 16 个班 707 人，师范部 9 个班 466 人。次年试验停止。

1962 年 8 月，学校再次被列为全省 18 所重点中学之一。

1969 年春，欢送 1966、1967、1968 三届毕业生上山下乡，送到宜都县农村接受贫下中农再教育。3 月，接收 1340 多名学生，实行连排建制，组成 25 个班开始恢复上课。1971 年，学校的各项工作得到恢复修整，"新一中"更名为"湖北省宜昌市第一中学"。1972 年秋，取消连排建制，恢复年级、班建制。1976 年 10 月，"文革"结束后，学校开始恢复以教学为主的正常秩序。

1978 年，伴随着改革开放，学校也迎来了大发展的机遇。当年，被湖北省确定为第一批 20 所重点中小学之一，1980 年再次被列为省重点。1983 年，本校成为一所三年制的高级中学。1978 年至 2010 年，学校规模由 24 个教学班发展到 42 个班，在校学生由 1100 多名到近 3000 名学生。在这期间，校园面貌发生了翻天覆地的变化，经历了 4 次大改造和两个迅猛发展期。目前校园功能完善，布局紧凑，设施齐全。教学大楼、图书馆、科教馆、体育馆、400 米跑道标准运动场等满足教学需要的设施和隙地景观组成了具有江南园林式风格的校园环境。

20 世纪 80 年代初期，工宣队退出了学校。学校进行调整、整顿、提高，落实知识分子政策，各项工作走向正轨。之后，学校进入了一个稳步

2008 年 6 月 5 日李乐成市长视察高考考点

发展的时期，教学条件有了很大的改善。1997 年，陶三发任校长，学校进入了一个快速发展时期。学校办学规模扩张，校园面貌更新，办学经费来源更加多样化，办学经费得到较大增长，学校对办学形式进行了积极探索，对校内管理进行了深化和创新。近 10 年来，秉承"全面发展、终身发展"的办学理念，学校重视对学生综合素质的培养，形成了"活"的鲜明办学特色。学校加强国际交流合作，建立中新班、汉语国际推广基地等，不断探索东西文化交融的途径。学校以"三节"（体育节、艺术节、科技节）、"三台"（校园广播台、电视台、校园网）、"三仪式"（开学典礼、升旗仪式、成人仪式）为载体，让每一个一中学子在走出一中之前，从鲜活的校园文化中去寻求自我价值、独立精神的要义。从 1997 年起，一中先后出台了《新教师培养方案》《骨干教师评选办法》《名师工程实施方案》。从2004 年开始，学校每年选派优秀教师到国外考察、学习、深造。目前学校有了一支师德高尚、业务过硬、结构合理的教师队伍。其中有特级教师 3 人，省级骨干教师 3 人，湖北名师 1 人，省管专家 1 人，中学高级

2010 年 10 月 3 日百年校庆，陶三发校长陪同省市领导、知名校友参观校园

教师 100 人，宜昌市中学正高职称教师 6 人，历届市学科带头人 22 人。学校逐步形成了"尊贤、励志、崇实、求新"的校风和"尊师、勤学、团结、进取"的学风，凝聚为"团结、进取、务实、创新"的一中精神。

　　近 30 年来，一中先后被国家教委、国家体委、省政府、省教委授予了 30 多项省级以上荣誉。其中，1998 年被评为"湖北省示范学校"，2007 年被授予"湖北省最佳文明单位"。同时，教职工中也涌现出了一大批先进工作者。其中，全国三八红旗手刘自铮女士，全国三育人先进个人高润兴女士，全国优秀教师孙维珍女士、陶三发先生、田爱华女士，就是他们中的典型代表。夷陵大地一批批少年才俊从这里起航，他们有中国科学院院士文圣常，中国工程院院士潘垣，中国人民解放军少将陆志宙、张孝成、岳世鑫，中国科学院爆破专家周家汉，中国科学院生物物理研究所所长徐涛，中国现代国际关系研究院研究员袁鹏，清华大学教授闵勇，中国科学院计算机网络信息中心研究员黄向阳，高分子与特种材料专家张爱民，加拿大卡尔加里大学教授涂忆柳，美国联邦储备委员会货币事务司经济学家魏敏，美国疾病控制和预防中心经济学家欧阳莉静，盛大互动娱乐有限公司总裁兼首席技术官谭群钊，深圳怡化电脑有限公司董事长彭彤等校友。

　　百年以来，尽管一中校名数易，校址屡迁，始终不渝的，是为中华之崛起培育英才的强大信念。在国家建设各个领域，不论是贡献卓著的专家学者，还是普通劳动者，他们因母校一中而自豪，母校一中因他们而骄傲！

　　注：此文使用的材料是发表于 9 月 2、3 日《三峡日报》上的《楚天名校湖北省宜昌市第一中学发展简史》。

Chapter 1
第一章

经典语丝

活 De
Jiao yu

经典语丝

素质教育

1. 马克思主义理论教育之永恒主题是促进人的全面发展，教育的基本价值就在这里。

2. 素质教育不是某个人的心血来潮，而是科教兴国战略的选择，是市场经济的必然选择。

3. 教育以人为本，以育人为根本宗旨，企图只学知识而舍弃道德情感教育，那只会导致教育的异化。

4. 应试教育转为素质教育，平庸也变得卓越。

5. 素质教育的基本要求就是：全面发展，四育并举，让每一个学生都能享受作为一个"人"的发展待遇；全体发展，让每一个学生都抬起头走路，都有人生希望；自主发展，让每一个学生学会替自己做主。

6. 任何以为素质教育不需要付出汗水就可以取得好成绩的想法都是错误的。

7. 素质教育虽不等同于活动，但素质教育绝对不能没有活动。

8. 使人活起来的教育，不仅对人终生负责，更能满足学生升大学、升好大学的愿望。

9. 素质教育的复杂程度远胜于应试教育，没有强有力的机制作保证，要率先踏出一条素质教育的路来，做现代教育的吃螃蟹者是根本不可能的。

10. 每一个有良知的教育工作者，都应该义无反顾地投身于素质教育的伟大实践之中；每一个具有基本认知水平的公民都应该像巴望自己的孩子取得事业上的成功一样期盼和支持素质教育在中华大地上开花结果。

有限教育

1. 教育要真正承担起兴国的使命，就必须走出象牙塔，同生活全面接轨。

2. 有道是"生命有涯，学无止境"，这个"境"字，应当含有"创新"的意思。

3. 没有学校教育就没有人才，但仅有学校教育就只有庸才。

4. 科技的不断发展，促使产业的不断升级；教育这个产业也在不断地从加班加点的粗放模式向低投入高产出的集约模式转变，科研兴教、科研兴校是实现这一转变的必由之路。

5. 优质教育资源内涵的核心应该是"科学"二字。科学的教育应该是"有限教育"。有限教育恰恰可以获得无限的教育功效。

6. 有限的课堂联系着无限的教育天地，无限的课堂禁锢学生于有限的教育空间。

7. 实现高效益的"有限教育"是完全可能的，核心问题是要更新教育观念，彻底抛弃时间加汗水等于质量的陈腐效益观。

8. 坚持不懈地追求"有限教育"是实现教育产业升级，提高教育素质、扩大优质教育资源的前提和途径。

9. 在青少年成长时期，不论是知识还是人格，不论是智力还是体力，学校教育固然重要，而社会教育资源犹如阳光雨露不可或缺。你能把高山大河搬进校园吗？你能把工厂田园搬进课堂吗？你能把小巷深处老人的家常、田头地边儿童的嬉戏一股脑儿都搬到学校吗？这些可是青少年陶冶情操、开阔视野、锤炼意志的生命体验啊！

10. 你需要研究蜜蜂是怎样酿出蜜来的吗？你只要给它提供足够的蜜源就够了！生活是创作的源泉，生活之树常青，文学之花常开不败。那种把学生封闭于教室、封闭于校园，成天埋头于书本，永远是做不完的作业的苍白生活，不可能产生鲜活的校园文学！

管理之道

1. 教育之活，活在学生的自我管理；教学之活，活在规范办学行为和以科研促课改；后勤之活，活在物尽其用，校园处处皆育人；队伍之活，活在观念的与时俱进和校园生活的丰富多彩。

2. 校长管理学校的艺术，就宏观而言，首先要处理好目标、常规和创新这三者的关系。

3. 教育理念是前提，统一师生思想认识是基础，制订与实施素质教育方案是核心，考评是保障，这就是校长在实施素质教育工作中应做的主要事情。

4. 素质教育虽不能神秘化，但也绝不能简单化，只有根据本校条件，制订一个较为系统的方案，才可能调动全校人力与物力，协同行动，打开局面，否则零打碎敲，断断续续，不可能成功。

5. 素质教育的阻力在哪里就把评价制度建立在哪里。牵牛要牵牛鼻子，就是这个道理。

6. 减负必须放在素质教育的系统工程中实施，才可能做到有减有增，达到提高学生综合素质的目的。

7. 素质教育德育为首，德育管理"自治"为先。

8. 所谓"以德治校"，我的理解和做法是：首先要以人为本，要以学生的成人成才、促进社会的文明进步，而不是以学校和教师的短期利益为办学的根本出发点，在学校和教师的利益同学生的长远利益发生矛盾时，要义无反顾地服从为学生服务的宗旨。

9. 在社会系统中，一个中学校长本没什么很高的社会地位，但对社会的影响又是很大的。

10. 好的教育可以将蠢材打磨成人才，坏的教育可以把天才弄成蠢材，从这个意义上讲，一校之长，常怀"如临深渊、如履薄冰"之心毫不夸张。

德育心经

1. 德育是学生发展的首要目标，人类只要不放弃真善美的价值观，就不能不把德育放在教育工作的首位；任何一个渴望成才的人都不能不加倍重视修身养德。

2. 人类为什么把德育放在人生发展的首位？人类共同的理想是追求自由美好的生活，只有品质高尚的人才可能追求并实现这一理想。

3. "做人"两个字内容极广，包括知、情、意、行、德、智、体、美诸方面，其中以德为最基本最关键的要素。

4. 日常行为规范的问题虽不能说就是一个品质问题，但是一切外在行为无一不是内在品质的外化，还是反映品质的。

5. 德的养成需要积累。养德修身，修身成人。

6. 你如果懒惰，那么请你勤快起来，刻苦学习一般不会击倒你；你如果胆小，那么请你勇敢地站出来，你的心再紧张也不会蹦出胸腔。什么事情只要有了第一次，你就获得了一次成功的体验，下一次你就会感觉自然、顺利和快乐。

7. 在当前西方文化不断融入东方文明的时候，我们要像鲁迅先生主张的那样，实行"拿来主义"，用我们的智慧吸取精华、剔除糟粕，切不可把连西方主流社会都不齿的消极文化当成"时髦"、把放任自流或为所欲为当做"自由"、把不懂做人的规矩当"潇洒"。

8. 在学习的压力必须担当的情况下，我们靠什么才能前进，克服一个个的困难险阻？靠奉献于国家和人民的人生价值观提供动力，靠强健的体魄提供体力，靠高雅的审美情趣来调节精神世界的和谐。

9. 爱国主义精神是一中历史的基因，是流淌于一中人身上的血液！很难想象，没有这样一个坚强的精神支柱，波谲云诡的百年历史风烟不会将它湮灭！

10. 仅仅是搞一点文化学习，仅仅是学习一点高考科目，弃德、残智、病体、废美，就像剥笋一样层层刮皮，一次考试成功导致一生的考试失败，只能留下苍白可怕的人生！

教学感悟

1. 近十年以来，升学率的竞争达到了白热化阶段，不少学校为赢得竞争的主动权，屈从于社会的压力，在应试教育的滚滚浊流中，憋足了劲儿扑腾：白天嫌不够，晚上上课，每周 6 天还不够，星期天上课，学期时间不够，寒暑假上课；学生日作业量两个小时不够，加到三四个小时；每科课辅资料一本还不够，加到两三本；主科课时不够，活动课选修课全让路。教室灰尘半寸厚可以不扫，体育课外活动十多年可以不上……

2. 如果我们只满足于一孔之见，固执于一家之言，甚至流于教书匠式的敷衍打发学生，那当然就像炒剩饭一样，越炒越乏味。

3. 教学本无定法，但这并不是说教学是无规律可循的。

4. 通观百年来的母语教学，少慢差费，"误尽苍生"之类的诟病，并非危言耸听；核心的问题，并不在语文性质的界定，而主要在于"读"与"讲"这对矛盾的把握。

5. 科教兴国赋予教师以神圣的使命，而教师长期以"疲软"心态教书育人，其效果可想而知。说到底，治"疲软"的方法只有一个字——新。

6. 语文课应担当起丰富人类情感，承传真善美的使命。

7. 语文教学始终以人文为先，追求道德的完善，审美的升华，意志的锤炼，智慧的催生，千般好事集于一文。

8. 科学与人文，如同鸟之两翼。现代自然科学的功用不言而喻，古老的人文精神容易被冲击而矮化，这是人类面临的一大挑战。青年学子要两翼齐飞，方可成就人生大事，避免沦为"半边人"。文章是永恒的追求！

9. "研究性学习"不应是自然科学的专利，高中所有的学科都是开展"研究性学习"的主阵地；它不应是少数学习拔尖生的专利，所有的学生都是研究性学习的实践者、创新者；它也不应是少数杰出教师的专利，任何一个教师都应是研究性学习的指导者和参与者。

10. 削弱了基础，根基不牢，势必会制约学生的发展；过于强调基础，耗尽了学生的时间和精力，同样也会影响学生的发展。基础的深与浅，厚与薄，全在于"度"的把握。

Chapter 2
第二章

素质教育

以学生"自治"突破应试教育的藩篱

　　坚定不移地推行素质教育，这已成为我国教育的一个跨世纪的课题。市场经济是研究这个课题的一个极为重要的依据。马克思曾经给市场经济下了这样一个经典定义：市场经济就是以物的依赖性为基础的人的独立性。无论从哪一个角度考察国民素质的内涵和结构，都应考虑市场经济所要求的人的主体性素质在其中的核心地位。通过培养学生的自治能力，来培养学生独立自主的意识、自立自强的精神，是我校推行素质教育的一个突破口。

　　关于学生自治能力的培养，既是一个老课题，又是当前教育的一个薄弱环节。伟大的教育家陶行知先生曾从共和国的性质和长治久安的高度对学生自治问题作过深刻的阐述，80 年代初，我国又开展过关于学生的"三自"教育的讨论，但由于教育观念的陈旧，应试教育的干扰，致使这一课题在实践中始终放不开手脚。1995 年宜昌市一中选定了这个课题，把它作为应试教育向素质教育转变的一个突破口，进行了三年艰苦的探索，取得了显著成绩：不仅比较彻底地解决了学生日常行为规范方面的一些顽症，使德育工作初步走上了科研型发展之路，更主要的是更新了师生的观念，坚定了教育教学走集约型的产业发展之路的决心与信心。学校的面貌发生了根本变化，精神文明建设一步一个台阶：三年中连续被评为宜昌市文明单位、省双文明单位。1998 年 4 月，通过了省政府教育督导室的复评，挂上了"湖北省示范学校"的牌匾。

敢于放手是培养学生自治能力的重要前提

1995年宜昌市一中选定这个课题的背景是纠正硬性规定班主任"三到场"（早自习到场、课间操到场、班会到场）的弊端。关于"三到场"，宜昌市一中曾作为一条经验作过大力宣传，也获得了许多人的赞许，但学校不少有识之士看到的却是相反的一面：班主任不管有无必要，必须"三到场"，是一种粗放型管理，抑制了老师们的创造精神和科学管理的能力，弱化了学生主人翁意识，使师生们都陷入消极被动之中，致使各种违纪行为连连发生，尤其是课间操长期处于散、乱、差的瘫痪状态。针对这种状况，学校响亮地提出了德育工作要借鉴集约型的产业发展之路，向科研要质量，向科学管理要效益的口号，并果断地取消了班主任的"三到场"的硬性规定，改为班主任到不到场，什么时候到场，都由自己根据工作的需要来决定，提倡科学管理，反对形式主义。不破不立，只有改变对保姆式教育的评价，改变班级管理一切由班主任包办的工作方法，才可能使学生走上自治之路，才可能实现德育工作从粗放型向集约型的转变。

培养学生干部是实现学生自治的重要保证

取消了"三到场"，学生管理会不会被削弱？这一问题引起了老师的疑虑，为此学校研究了第一个子课题——"学生干部培养"。学生干部应不应该在班级和学校的管理中承担一定的责任？应该承担怎样的责任？怎样承担责任？这些问题，学校在师生中进行了多次研讨，终于达成了共识：培养学生干部，是素质教育的一个重要任务；充分发挥学生干部的作用，是实现学生自治的重要保证。班级工作有两大系统，一是维持系统，即纪律、卫生等日常行为规范的要求；二是动力系统，即学生深层次的思想工作。班干部应在班主任的指导下完成第一个系统的管理工作，班主任应从浅层次的事务中腾出手来搞好第二个系统的工作；全校学生日常行为规范的管理，也主要应由学生会的干部完成。只有这样，学生自治能力才可能培养起来，也只有这样，德育工作才可能走出困境。按照这个共识，学校先从提高学生干部素质、激发其荣誉感和积极性入手，引进竞争机制彻底打破以前指定干部的旧方法，规定班干部每学年竞选一次，团委和学生会干部每两年竞选一次。同时举办干部学校，规定工作职责，提高其工作能力。1997 年 10 月，宜昌市一中继 1995 年召开了团代会之后又召开了宜昌市一中首届学代会，从理论与实践上全面总结了以自治为核心的"三自"教育所取得的重大成绩，竞选产生了学生会所有干部，制订了学生管理各项工作条例，使自治工作有了组织保证和制度保证。

学生干部工作的启动，充分调动了方方面面的积极性：广大学生由不愿当干部变为积极主动地竞选干部；广大家长由反对孩子当干部变为积极鼓励孩子当干部；班主任老师更是精神振奋，尝到了科学管理的甜头。有一位青年老师以前对班务管理是事必躬亲，而班上的乱子越来越多，威信大减，身体也拖垮了，抱着试试的想法，她减少了下班时间投入，大胆选用干部，结果大出意外，班级管理大为好转，在各项评估中跃居全校前列，她的身心健康也大为改善。其他不少班主任都有这样的体会：取消"三到场"，我们得"解放"，学生受锻炼，自治有保障。

量化管理是培养学生自治能力的重要措施

取消班主任"三到场"，会不会导致"天下大乱"？针对一些老师的疑虑，学校又研究了第二个子课题——"量化管理"。我们认为，取消班主任的"三到场"，并不等于学生"三放羊"，只要学生干部工作到位，量化管理随之跟上，德育工作不但不会乱，还会发生质的变化。量化考核条例要科学，操作性要强，而且必须由班主任和学生共同参与制订与实施，否则就是一纸空文。1996年以来，学校出台了《班务工作考核条例》，对各班的常规工作进行量化评估，又制订了《班主任工作考核条例》，对班主任履行职责的情况进行量化评估并与班主任津贴挂钩。怎样进行考评？各个数据信息如何获取？答案是在政教处的指导下，主要由学生会干部进行操作。学生会抓住检查评估这个关键环节，学习、体育、宣传、文艺、生活、纪检等6个部都建立了较为完备的检查系统，除每周安排一个班值勤进行全校综合检查外，各个部对分管工作还进行单项检查。周末各种检查数据全部汇总到政教处，然后在下周一的升旗仪式上，对全校和各班情况进行总结，颁发文明卫生流动红旗，同时在宣传栏上公布检查结果。这种量化管理办法，把全校师生的视线从盯着班主任是否事事到场引向观察班级管理的实际效果，把班主任从每天消极应付"三到场"引向积极研究班级的科学管理，把学生干部从工作的茫然无序引向有法可依、有条不紊的学生工作管理。

开展活动是发展学生自治能力的重要途径

　　素质教育虽不等同于活动，但素质教育绝对不能没有活动。宜昌市一中经常开展各种活动，如升旗、演讲比赛、文艺会演、军操会演、球类比赛等，这些活动都尽量让学生去组织与主持，以给学生提供施展才华，锻炼与发展自治能力的舞台和机会。

（1999 年 12 月 20 日《青少年》）

退一步海阔天空

——减负的做法及体会

当前，减负已成为一个社会热点，全校师生为之骄傲和自豪：实践证明，三年前我们选择素质教育发展之路是正确的，三年的减负已取得了巨大成功！

从 1997 年到 1999 年，宜昌市城区中考高分层毕业生几乎一边倒地报考宜昌市一中（城区有两所省重点中学），如果你深入宜昌市民作点调查，问问为什么，他们会异口同声地作出一个评价：一中办得活！

宜昌市一中创办于 1910 年，1953 年列为湖北省重点中学。改革开放以来，同所有的重点中学一样获得巨大发展的同时，也背上了升学率这一沉重的包袱。尤其是到 90 年代以来，升学率的竞争达到了白热化阶段，学校为赢得竞争的主动权，屈从于社会的压力，在应试教育的滚滚浊流中，憋足了劲儿扑腾：白天嫌不够，晚上上课，每周 6 天还不够，星期天上课，学期时间不够，寒暑假上课；学生日作业量两个小时不够，加到三四个小时；每科课辅资料一本还不够，加到两三本；主科课时不够，活动课选修课全让路。教室灰尘半寸厚可以不扫，体育课外活动十多年可以不上……非常庆幸的是，一场关系到民族前途与命运的素质教育大讨论在全国掀起了，全校师生一面为应试教育拼搏，一面积极参与素质教育大讨论，终于一个非常严肃的问题摆在了大家的面前：是继续顺着应试教育老路走下去，还是来一个改革，走素质教育发展之路？当时的思想斗争是非常激烈的，曾在干部队伍中产生过尖锐的冲突。

1997 年 4 月，学校召开了被老师们戏称为"宜昌市一中十一届三中全会"的第四届第一次教职工代表大会，讨论通过了《宜昌市一中五年发展规划和十年奋斗目标》，确立了我校素质教育发展之路。从此，减负作为素质教育的前提而开始动真格地实行。1998 年 4 月，又召开了第四届第二次教代会，讨论通过了《〈宜昌市一中五年发展规划和十年奋斗目标〉三年实施方案》，确立了学校两个奋斗目标，摆在第一位的是"创湖北省素质教育模范学校"。同年 8 月，又召开第四届第三次教代会，讨论通过了《宜昌市一中素质教育实施方案》和与之配套的《宜昌市一中名师工程实施方案》等规章制度。从此，比较系统的素质教育开始实施。两年之中，召开三次教代会为减负和素质教育立法，这反映了我们改革的决心和勇气。

减负必须放在素质教育的系统工程中实施，才可能做到有减有增，达到提高学生综合素质的目的。何谓有减有增？

所谓"减"，一是减少学生在校学习时间。两年时间，我们逐步砍掉了早自习，砍掉了第三节晚自习，砍掉了高一、二年级寒暑假补课，砍掉了高三年级星期天的补课，砍掉了各种名目的私自补课。这样，周在校学习时间，高一、二年级减少了 3 个小时，高三减少了 6 个小时；年在校学习时间，高一、二年级约减少 140 个小时，高三约减少 240 个小时，每个学生三年在校时间大约减少 380 个小时，相当于 47.5 天（每天以 8 小时计，下同）。二是减少老师讲课时间。为了更科学地安排课时，我们把原来周一到周五的 40 个课时改为 45 个课时，即每天变 8 节为 9 节，每节减少 5 分钟（总时间一样）。必修课仍安排 33 节，但每周相应压缩了 2.75 个小时；同时将晚上的"满堂灌"一律改为自习。这样从周一到周五，每天有 4—5 节，每周有 22 节用于学生自习或参加活动课与选修课，占总学时的 40％左右。按同等在校时间比较，减负之后老师讲课时间减少了 27％，相应地学生自由支配时间增加了 27％。三是减少作业量，明确规定各科课外作业量总和每天不超过两个小时，每学期不定期抽查 2—3 次，及时解决作业量回升的问题。较 1997 年以前，周课外作业量至少减少 7 个小时，年减少 280 个小时，三年减少 840 个小时！相当于整整 105 天！四是减少课辅资料，明确规定语、数、外、理、化等高考科目，每科只能配一套资料，其他科目不准配。实行层层把关，不定期检查，多订的坚决清退，并追究当事人的责任。比 1997 年以前，每个高三学生至少减少了 5—10 本必订的课辅资料。

所谓"增"，一是增加和规范选修课与活动课，每天安排 2—3 节，都以课表管理。每年举行体育节、艺术节和科技节。原来只停留于三表上的眼保健操、体育课外活动、劳动课、广播台、开学和毕业典礼等，都全部予以恢复和规范，不折不扣地落实，并与班级和班主任工作考核、奖惩挂钩。全校师生创办了两刊一报，即《一中教研》《前茅文学》和《宜昌市一中报》，成为素质教育的重要阵地和载体。二是增加学生自由支配时间。三是增大课堂科研含量。依法治校，科研兴校是我们治校方略，从 1997 年开始，我们就致力于教学领域的课题研究，以摆脱粗放型的应试竞争，转向集约型的素质竞争。重点中学不可能不要较高的升学率，但课业负担要减轻，出路只能在科研上。几年来，我校 4 个省级、6 个市级、10 个校级科研课题，尤其是"青少年巨大潜能开发""学法指导"和"英语单元整体教学"三个课题，都取得了阶段性研究成果。四是增强德育工作。这几年以"做人"教育为中心，以行为规范养成教育、心理健康教育和"三自"（自治、自立、自强）教育为重点，都取得了非常显著的成绩。

要问减负给我们带来了什么？简言之，带来了蓬勃生机与活力，写在学生的脸上就是五个字：健康地成长！来自校卫生室学生身体素质分析报告表明：学生身体较以前好，患心理疾病比以前少，患严重心理疾病的降至为零。至于难以测量的学生综合素质和能力的提高就自不必说。令我们和宜昌市人民惊奇的是，升学率居然猛增！减负前10年，学校上省线率稳定在30％左右，1997年跃升到67％，1998、1999年分别达到67％和74％，三年上线人数接近前10年的总和！这里头虽然有大学扩招的因素，但扩招比例并没有100％以上的增长，本市本省同类重点中学，唯有我校出现这样高的增幅。

减负三年，经受了许多考验，体会很多，最主要的有三点。

一是要有使命感。我国确立了科教兴国的战略，教育工作者既然承担着兴国的使命，就应该义无反顾地选择兴国的教育，抛弃误国误民的应试教育。事实证明素质教育在师资、设备、管理等方面比应试教育的要求要高得多，正是兴国使命感的驱动，我们才会自我加压，去战胜各种艰难和险阻，否则顺着应试教育老路走，恐怕要轻松得多。

2000年与原教育部基教司司长李连宁在一起

二是要有胆略和气魄，破除一个"怕"字。重点中学升学率向来是社会关注的热点，20多年来，中学的神经一直绷得很紧，在"扩军"竞赛中难以自拔，连国家教委、教育部先后发出56个减负通知都无济于事，在这种情况下，我校单方面"裁军"，会不会造成全军覆没？一旦如此，校誉一落千丈，校长又会落得怎样一个结局？但教育者的使命感使我们克服了一个"怕"字，最坏的结局不就是少考几个大学生吗？不就是丢掉乌纱帽吗？这都不可怕！

三是科研作保障。本校纵向比较，减负力度如此之大，与本市同级学校比较，每周我校高一年级少14节（周一至周五每晚两节、星期天晚上4节），高二少18节（晚上14节，星期天白天4节），高三少21节（晚上14节，星期天白天7节），三年下来，共少2020节课，即22％的学习时间。而且根据对学校高一学生的调查结果，60％的学生认为我校同初中作业量相当，30％的同学认为我校作业量少于初中25％左右，只有10％的同学认为我校作业量大于初中。负担相对减轻这么多，升学率却大幅度攀升，三年平均升学率高于本市同级学校12％个百分点，这奥秘在哪里？在生源吗？我校只在城区招生，同本市在全市招生的其他学校比，生源显然没有优势，奥秘主要在于科研。我校科研以提高教师素质，提高其教学水平为宗旨，以开发利用教学设备，提高教学效率为目的，为素质教育提供了强有力的智力支持。这同国防建设一样，高科技水平提高以后，裁军一两百万，更能打胜仗！

素质教育实践与思考

自从我国实施科教兴国战略以来，我校凭着对祖国的忠诚和对人民的无限热爱之情，以大无畏的"吃螃蟹"精神，走出了一条素质教育发展之路，为承担着给高校输送大学生任务的重点中学如何走出应试教育的怪圈，探索规范而科学的办学途径作出了我们应有的贡献。回首六年的素质教育之路，总结我们取得成功的经验，那就是：大胆实践，把成功的实践转化为常规，不断巩固和发展，从而逐步形成素质教育的基本模式。

一、注重学生"自治"，找准素质教育突破口

素质教育德育为首，德育管理"自治"为先。伟大的教育家陶行知先生曾指出德育的核心是学生"自治"。艾伯特·爱因斯坦也说："学校的目标应当是培养独立行动和独立思考的人。"我们无论从哪一个角度考察国民素质的内涵和结构，都应考虑市场经济所需求的人的主体性素质在其中的核心地位。然而，恢复高考制度以来，应试教育衍生出来的保姆式教育恰恰是以老师包办学生日常管理事务，剥夺学生民主管理的权利和义务为特征的。1997 年以前，我校的管理存在三个包办：班主任包办班务管理，政教主任包办学生会工作，团委书记包办团的建设，其中

最突出的是班主任履行保姆的义务，规定必须"三到场"（早自习、课间操、班会等等），实际上是要天天守在教室，亲自处理纪律、卫生等日常事务，亲自登记学生旷课、迟到、不交作业的名单，甚至亲自打扫教室，给学生买早点、洗衣服……而由班主任指定的学生干部，既不想干什么，老师也不让他们干什么，一切都是为了让学生能够多读一点书、多做几道练习题，多考一点分数。这看起来温情脉脉，然而，班级管理连最基本的层次也达不到，教室的灰尘常常厚达一公分，全校周迟到人数多达100，课间操向来稀稀拉拉，体育课外活动长期形同虚设。可以想象，在这种管理模式下，学生的校园生活处于怎样的状况？班主任老师的生活又是怎样的乏味？

　　1997 年，一场以培养学生自治能力为核心的教育改革开始了。这场改革的背景是我校紧跟全国的教育形势，已参加了长达六七年之久的素质教育大讨论。我们首先破除旧观念，响亮地提出了"包办管理害人害己，热爱学生莫如自治"的口号，在坚决果断地取消了班主任"三到场"的硬性规定后，反过来规定，不是非常特殊的原因，不准规定班主任一定要到场，提倡科学管理，提倡"遥控"，不以到班的多寡评价班主任的优劣；同时规定"还政于民"，班级常规管理必须由班委会在班主任指导下完成，班主任的工作重心从日常班务管理转向深层次的学生思想政治工作；学生会和团委的工作也只能在老师的指导下由学生干部去完成，诸如纪律、卫生考评、课间操和体育课外活动的检查落实、大型集会的组织（如每周一早晨师生共同参与的升旗仪式活动）等等，都由学生主持。谁越俎代庖，谁就会"吃力不讨好"，要受到批评。适应自治的要求，我们及时改变了学生干部产生办法，所有的学生干部都必须竞选产生，一年一选，学代会、团代会每年召开几次，就学校、班级的管理提出建议和解决办法。

　　这项改革是否有风险？开始取消班主任"三到场"的规定，部分人担心会"乱",但实际上学生自治的当月,就实现了"治",各种问题迅速奇迹一般得到解决。学校有了民主和生动活泼的气氛,干部工作热情陡然提高,不仅没有出现人们担心的"干部当上去、成绩掉下来"的现象,反而是工作和学习互相促进,涌现了一大批富有责任感、创新精神和管理能力的优秀学生干部,成为同学们羡慕的"校园明星"。奥秘在哪里?就在于学生从"他治"到"自治"的转变实现了他们从客体到主体的角色转变,还了学生学校主人翁的地位。

二、调整课程结构,建立素质教育基本框架

管理方式的变化,带来全校思想的大解放。1997 年 4 月,宜昌市一中召开了在学校发展史上具有里程碑意义的第四届第一次教代会,讨论通过了《宜昌市一中五年发展规划和十年奋斗目标》,确立了学校坚定不移地走素质教育发展之路的方向。同年 8 月,召开了第四届第二次教代会,讨论通过了《宜昌市一中素质教育实施方案》,9 月,素质教育开始全面铺开。

素质教育具有十分深刻的内涵,有其本质特征,但最基本最浅表的区别于应试教育的特征是教育教学过程的规范性和学生的主体性。针对应试教育"五育"之中只重视智育、智育之中只重视高考科目、高考科目之中只重视考点的弊病,学校全面推行的素质教育在教学领域谨慎地分成三步走。第一步是严格按照教育部颁布的教学计划,开齐课程,开足课时。主要内容是恢复开学典礼和毕业典礼制度,把虚设的眼保健操、体育课外活动、劳动技术课、美术和音乐以及社会实践课等变成实课。长期以来,学校从没有举行过严格意义上的开学典礼和毕业典礼。1997年至今,一直坚持两典礼制度,隆重热烈的场面成为全市很有影响的一道风景。以前的眼保健操只是放音乐,几乎没人做,现在是严格考评、人人必做;以前的体育课外活动实际上是自习课,现在是人人必须每周参加两次。制订了《宜昌市一中劳动课实施大纲》,规定每一个学生都有打扫校园卫生，识别、栽培和认养校园内的花草树木，每周至少参加两次家务劳动的义务。社会实践课，一是鼓励学生假期打工，参加社区的精神文明创建活动；二是有目的、有计划地组织学生利用寒暑假进行社会调查，每个学期都要评选和交流优秀社会调查报告，把课堂从学校扩展到社会，增强学生的社会责任感和学习动力。每门课或活动都严格考评与落实。经过这一步，学校的教育过程迅速规范，做到了课程不虚、课表不假。

第二步是开设校本课程。这是针对应试教育仅有第一课堂而进行的建设性和开拓性工作。长期以来，宜昌市一中同其他学校一样，除了数、理、化培尖，每年一次运动会和每学期一两次团队活动以外，其余的就是一统天下的第一课堂。从 1997 年开始，根据学校素质教育方案，调整了课程结构，逐步建立了素质教育的"四三制"基本框架，并用《宜昌市一中校本课程学分制实施方案》加以管理。一个"三"是启用三张课表——第一课堂必修课表、第二课堂选修课表和活动课表，规范素质教育的常规运转。每天安排 9 节课，周课时 45 节，每节 40 分钟，其中第一课堂占用 32—34 节，第二课堂和活动课占用 11—13 节，确保每天有 2—3 节的第二课堂和活动课时间。开设了人文讲座、天文观测、影视制作、科技发明创造、环境保护、篮、足球俱乐部等 40 多种校本课程。第二个"三"是每年举办科技节、体育节和艺术节。科技节在每年的四五月份举行，为期三天，至少停课 1 天，内容一般是科技发明制作、创新设计、科技论文等，以展览、表演、比赛等多种形式进行，要求高一、二年级必须人人参加，人人有作品，高三年级自愿参加。体育节和艺术节分别在十月和十一月举行，全校师生参加，分别用三天时间，停课进行，形式多样，内容丰富。每到学校节日，校园张灯结彩，师生员工兴高采烈，争相亮相，一展风采，吸引了宜昌市各阶层人士争相到校观摩，一睹为快，成为社会关注的焦点。第三个"三"是创办三报刊——《前茅》校园文学季刊、《宜昌市一中报》《一中教研》，作为素质教育的园地，刊发我校教育教学的观点、体会，训练和交流师生的创新思维。第四个"三"是开辟素质教育的三个平台，即一中电视台、一中广播台、一中校园网。"四三框架"逐步开拓、完善为一种常规性的广义的课程结构，辅以评价体系的建立和调控，这就使学校素质教育建立在一种强有力的机制的基础上，从理论到实践能够自我完善和发展。

第三步是对第一课堂进行结构性研究和改革。毋庸置疑，长期以来我们的第一课堂是适应应试教育的需要而建立的以填鸭式灌输式为特征的教学模式，与素质教育所要求的让学生主动愉快地学习相去甚远。为此我们充分利用信息技术，一方面解剖部分老师的课堂，从什么是真正的启发式和讨论式到什么是开放性、研究性教学方法等最基础又最前沿的问题，一一进行研究，破除陈旧的教学模式；另一方面积极探索多媒体教学方式方法，力求建立新的适应素质教育的以培养学生创新精神为宗旨的课堂结构。开展研究性学习为课堂改革提供了新的思想和方法，学校不仅开设了狭义的研究性学习课，更从广义上运用研究性学习的思想和方法对第一课堂进行改革，宗旨是培养学生自主学习的能力和创新精神。应该说这一步的改革已逼近素质教育的核心，我们取得了一些突破，但还不够，目前正处于攻坚阶段。

素质教育的规范性不仅表现在以保证学生全面发展为价值取向的课程的全面与丰富，还表现在它应是一种有限教育。应试教育就其所占时间而言是一种无限教育——无休止的补课和大容量的作业填满了学生所有的时间；就其投入和产出比而言，又是一种粗放型低层次低效益的教育。在这种教育模式下，学生没有对他们成才非常宝贵的可自由支配的时间与空间。而素质教育就是要把学生从这种完全被动的困境中解放出来，以占用有限的教学时间还学生以主动学习无限发展的主人翁地位。为此学校逐步开始了大幅度的"减负增效行动"。一是减少学生在校时间，从 1998 年开始，高一、二年级砍掉了寒暑假和节假日的补课，实行五天半学习制，保证每周一天半的休息时间，高三年级砍掉了星期天补课，保证每周一天的休息时间，缩短了寒暑假补课时间。二是减少第一课堂教学时间，确保校本课程或自习占总课时量的 35％以上；三是减少作业量，规定各科课外作业量总和每天不超过两个小时。连续三年的作业量问卷调查表明，三个年级 95％以上的学生认为作业量轻或正好，绝大多数学生认为学校作业量比初中轻。

三、培养一流的师资，为素质教育提供智力保障

要实现让学生全面、全体、主动地发展的目标，教师既是关键，又是瓶颈。广大的青年教师主要是在应试教育的环境中成长起来的，在观念形态、知识结构、技能、水平等方面存在差距。以什么理念进行师资队伍建设？1998 年，学校提出了"促进师生共同发展"的师资培训目标，创造条件促使教师努力实现自己的人生价值。学校制订了《宜昌市一中名师工程方案》，目标是要教师同学生一样"潇洒"起来。除了感情投资、提高待遇和学历层次等通常的做法外，我校比较独特的办法是通过教科研提高教师的业务水平和社会地位。科研固然是减负增效的保证，但它是通过提高教师的素质来实现的，即科研提高教师素质，教师提高教育素质。第一课堂如何提高效率？校本课程如何提高质量、吸引学生？我们以课题研究为切入口开展教育科研，先后争取了"英语单元整体教学""青少年巨大潜能开发"等 4 个国家级、省级，6 个市级科研课题，以教研组和班级为基本单位，集体实验，共同攻关，使一批教师脱颖而出，发表了一大批有一定影响的文章。我们还积极争取承办各种教育研究会议，每年承办比较大型的市级以上研究活动不下 10 次，五年中共承办省级、国家级教科研活动 6 次。积极推出中青年教师参加各级教学大比武，促使他们早日走向全省、全国。

科研是实现教育教学的粗放型向集约型转变的基本条件。为了强化科研,在教育评价上要更新观念,1998 年学校提出了"宁可教师多备一天课,也不让学生多做一道题"的口号,强调教学过程中的科研含量,最大限度地减轻学生课业负担。并指出:过分加重学生课业负担,是以牺牲学生的身心健康为代价来弥补自己教学用心不足的不负责任的行为。没有这一反传统的评价标准,就不能把教师逼到科研的路子上来。只有这样,才能摆脱教师一天到晚埋头补课和改作业的状况,获得"腹有诗书气自华"的潇洒。

改革前后的对比表明,科研支撑的素质教育能使教师焕发青春和创造力。几年来,科研已大大提高了学校教师素质和知名度。改革前能在省级以上的刊物上发表文章的教师全校仅有 7 人,现在已达到 40 人之多。1998 年以来,已有三位教师分别获得全国语文、外语、生物优质课竞赛一等奖,一位教师狄全国物理多媒体课件制作比赛二等奖,有 20 多位老师获省市级优质课竞赛一等奖,为全市之冠。每年获得市级以上各种荣誉称号和奖励的教职工有近百人之多。

四、全面提高质量,素质教育深受社会欢迎

十年的素质教育,结果如何?学校招生范围只相当于湖北一个小县,但是我们取得的成绩却在全省、某些指标在全国处于领先水平。不可否认,正是素质教育给我们带来了诸多辉煌的教学成果。

1. 高考升学率稳中有升。2001—2003 年本科上线率达到 90％,三年上清华、北大人数是改革前十年的总和;高考升学率每年超出本市同级学校近 10 个百分点。

2. 数、理、化、生和信息技术奥林匹克竞赛,最近 6 年,获全国一等奖累计达 30 多人,占城区 75％。

3. 科技发明创新全国知名。最近几年来发明创新已达到 3000 多项,获得专利 100 多个。从 2000 年开始,年年参加全国青少年科技创新大赛或全国"明天小小科学家"奖励活动并年年获奖。2000 年《中国知识产

权报》称我校为"中国发明创造第一校"。中央电视台以"挑战发明创造第一校——宜昌一中"为题作过 11 集专题报道。

4. 体育竞赛成绩突出。最近三年，学校独立组队参加全省中学生篮球运动会，男女双双获得前三名的优异成绩。

5. 学生人文素养和综合素质高。近几年来，《中国青年报》《杂文报》《芳草》《语文学习》《语文教学与研究》《作文通讯》等国内 20 多家报纸杂志刊载了我校《前茅》100 多篇文章，其中 6 家发过专版。近百篇作品在全国有影响的如"新概念作文大赛"等赛事中获奖。学生作品集《颖》在全国出版发行。2005 年张雪同学代表我国青少年参加在北京举行的全国"青春与知识产权同行"宣传活动，并在开幕式闭幕式上分别宣读倡议书和《长江宣言》，受到党和国家领导人的接见与赞许。近几年毕业的校友就有六名考入哈佛、牛津、剑桥读博士。另外，我校学生在高校担任学生干部的比例也很高。

五、推行素质教育的一点思考

人民群众是欢迎应试教育还是素质教育？我的回答是：素质教育最能代表广大人民的根本利益。这是从学校六年素质教育的实践所得出的结论。为什么一所六年前声誉平平，在宜昌并不冒尖的学校，六年后形成了"一中现象"？（宜昌市老资格的教育家，前副市长、人大副主任符利民同志语）为什么我校在硬件建设上处于明显劣势而在生源上逐渐处于绝对优势？慎于择校的学生及其家长，趋同的标准是一个"活"字。素质教育就是让孩子们"活"起来的教育。

使人活起来的教育，不仅对人终生负责，更能满足学生升大学、升好大学的愿望。毋庸讳言，学校逐步取得生源上的绝对优势是以这几年高考升学率，尤其是名牌大学升学率的绝对优势为后盾的。素质教育为什么能提高升学率？原因很复杂，但我以为心理优势和能力的提高是关键。应试教育仅以分数论英雄，总是以每一点时间学生能做、老师能讲多少道题，每道题能转化成多少高考分数这种思维模式思考问题，拒绝一切第二课堂活动。但分数总有个先后，那些经过多少次努力仍然不能将名次提前到理想位置的同学，形成不同程度的失败心理在所难免，即使他们有许多其他方面的特长也没有充分施展出来以重新建立心理优势的机会，以这种"屡战屡败"心理进入考场，结果自然可想而知；而且应试教育过重的课业负担不仅是无用功，而且产生副作用。素质教育刚好相反，各种第二课堂活动给学生提供了施展才华的舞台，使每一个学生在不同的舞台上建立自己的心理优势，而多方面的才能和心理优势随之转化到文化课学习上来，其作用是巨大的。他们的文化课学习负担轻得多，但效率高得多，其无用功和副作用少得多！

六年的素质教育实践，学校教职工以自己的心血和汗水证明了一个真理：人民群众欢迎的是素质教育，只有推行素质教育才最能代表广大人民的根本利益。

如果说九十三年的办学历史使宜昌市第一中学成为川东鄂西一所历史名校的话，那么六年来素质教育的成功实践更增添了这所历史名校的魅力。

（2003 年 9 月 16 日《光明日报》）

有限教育给学生无限的发展空间

　　扩大优质教育资源，满足最广大人民的需求，这是当前乃至今后相当长的一个时期教育工作的一个热门话题。陈至立同志曾指出：必须合理规划高中教育发展，努力扩展优质高中教育资源。那么怎样的教育才是优质教育呢？如何才能扩展优质教育资源呢？

　　优质教育资源的内涵固然包括良好的校园、良好的设备、良好的师资等要素，但如果就此而论，我国目前已有相当数量的大中小学可比肩甚至超出国际一流的优质教育资源标准。就普通高中的硬件来说，几乎中、东部地区的全部、西部地区的大部分省级乃至县级重点或示范中学建设得连发达国家都羡慕。这算不算优质高中教育资源呢？相对于其他非重点或示范学校而言，这无疑是我国现阶段绝对的优质高中教育资源，但如果以此为"优质"标准扩展到全国，则令人担忧了。

　　优质教育资源内涵的核心应该是"科学"二字。教育是不是科学？这似乎是提了一个十分可笑的问题——从内容到形式，教育还能不是科学？但是现实生活中的教育又让我们对教育的科学性产生怀疑。科学的基本功能是对人力的解放而产生高效率，是以最少的投入产生最大的产出，人类坚持不懈地追求科学，科学技术成为第一生产力，其根本意义就在这里。反观我国的教育，在应试教育仍然铺天盖地的今天，有多少学校在按照科学的方法从事教育教学？有多少学校在严格执行国家课程标准？以湖北省《全日制普通高级中学课程计划》为例，计划全年教学时间 40 周，每周按 5 天安排教学，全年普高学生在校学习时间 200 天。但实际上，我省普高平均每周 6.5 天（有的安排 7 天，有的安排 6.5 天，有的安排 6 天，全省几乎没有一所学校完全执行省计划）安排教学，寒暑假至少补课 40 天以上，掐指算算，全年学生平均在校学习时间不下300 天，整整多出计划 100 天以上；三年下来，平均每个学生在校学习时间 900 天以上，多出计划 300 多天，也就是说我们长期在用 4.5 个学年的时间完成 3 个学年的教学任务！至于每周活动总量比计划的 34 课时超出多少、每天作业量超出正常作业量多少，这里还姑且不论。这不仅仅是湖北的问题，全国除了北京和上海等少数几个省市的少数学校，其他都普遍如此。耗费多于计划三分之一的时间的教育无论如何也"科学"不起来吧！

科学的教育应该是"有限教育"。人类历史发展到今天，科技带动社会日新月异地发展，终身学习型社会正在形成。"教育正在越出历史悠久的传统教育所规定的界限。它正逐渐在时间上和空间上扩展到它的真正领域——整个人的各个方面。由于这些方面过于广泛而复杂，以至无法包括在任何'体系'以内"。"社会不能通过一个单独的机构对它的所有一切组成部分（无论在任何领域内）发挥其广泛而有效的作用，不管这个机构多么广大。如果我们承认，教育现在是，而且将来也越来越是每一个人的需要，那么我们不仅必须发展、丰富、增加中小学和大学，而且我们还必须超越学校教育的范围，把教育的功能扩充到整个社会的各个方面。学校有它本身的作用而且将有进一步的发展。但是我们越来越不能说，社会的教育功能乃是学校的特权。所有的部门——政府机关、工业交通、运输——都必须参与教育工作。"（联合国教科文组织《学会生存——教育世界的今天和明天》)从广义上来讲，学校教育只是终身教育的一个阶段，而且是学校教育阶段的一个部分。在青少年成长时期，不论是知识还是人格，不论是智力还是体力，学校教育固然重要，而社会教育资源犹如阳光雨露不可或缺。你能把高山大河搬进校园吗？你能把工厂田园搬进课堂吗？你能把小巷深处老人的家常、田头地边儿童的嬉戏一股脑儿都搬到学校吗？这些可是青少年陶冶情操、开阔视野、锤炼意志的生命体验啊！正因为这样，世界各国通过制定课程计划规定或限定学生年在校时间和校内教学时间。这就是"有限教育"的由来。"有限教育"就是要讲究科学，提高学校教育教学的效率，在国家规定的教学计划时间内圆满完成教育教学任务，把计划以外的空间与时间还给学生，让他们融入社会，走进大自然，走向属于自己的自由遐想的世界，去充分体验另一半生命的完美与快乐。

从教学效果来看，有限教育恰恰可以获得无限的教育功效——有限的课堂联系着无限的教育天地，每年用 200 天时间完成学校教学计划，留下 160 天让学生走出"体系"以外，不是更能满足"整个人的各个方面"的发展需求吗？不是更能为学生一生的幸福打下良好的发展基础吗？而以无限占用学生的时间和空间为特征的"无限教育"效果却十分有限，甚至贻害无穷——无限的课堂禁锢学生于有限的教育空间，每年把学生关在学校 300 多天，企图以学校这个"单独的机构"的教育"特权"来剥夺或代替全社会的教育功能，以牺牲德、体、美的沉重代价让学生只片面学习知识殿堂里的一点高考内容，发展不全，人生残缺，给他们的生活道路埋下了诸多祸根。诺贝尔化学奖获得者李远哲教授曾对台湾和大陆的教育提出过尖锐的批评，针对有人向他提出"你李先生不是在台湾接受教育后获诺贝尔奖的吗？这是不是说明台湾的教育还不错呢"的诘问，他的回答值得玩味："我不那么认为。我在中学时，就立下像控制自己的生命一样，要自主生存的强烈决心，对教师的话时时怀着疑问，坦率地提出意见是经常的……我念书的时候，当时中学、大学的功课都不是那么多，放学后有很多时间，虽然教育不好，但学校不占用学生的时间，我因此有了很多自由时间。现在坏的就是学校占了学生全部的时间，使学生不能自由发挥。"这说明李教授对自己求学时的台湾教育虽然有批评的一面，但对"学校不占用学生的时间"又是充分肯定并感到十分庆幸的——如果当时的教育占用了他全部的时间，他能有后来的成就吗？无独有偶，2004 年 5 月 19 日在吉林大学访问的两位诺贝尔奖获得者——费舍尔教授和麦克德尔米德教授也对中国当代教育"不给学生空间"提出批评，费舍尔教授说："我个人小时候的经历告诉我，教育应依两种情形进行，第一种是强迫手段，对孩子强迫地灌输信息、知识；另外一种就是给孩子很大的空间，选择他自己想关注的事物。中国前一种情形多一些，学生没有充分的想象力，没有充分地解放自己。"费舍尔认为，"给学生空间"是非常重要的，因为有"空间"才可能有想象力，才可以进行创造。他举了牛顿的例子："牛顿在剑桥大学读书时并不是最好的学生，因为有流行病，学校放假两年。这两年，牛顿在英国北部的一个小镇进行他的研究，两年后回到学校时，他提出了'万有引力定律'。因为在北部小镇的自由空间里，他的想象力提高了。"费舍尔自己走上科学之路也和"空间"有关。他 15 岁时，偶然读到一本关于肺结核的书，受到启发，立志成为微生物家。后来他大部分时间都用在两件事情上：弹钢琴、读大量的课外科学书籍。前者是他的爱好，后者则是他的爱好和追求。他说：他读书时并不是特别好的学生，是不上不下。他特别强调"基础教育"时期的"空间"很重要，他说："比较看，美国的中学教育确实不太好，但学生到大学的学习是处在研究生学习的状态，这种学习状态比欧洲任何国家都好，主要是中学时期他们的想象力没有被限制，这是中学时代打下的基础。"所以，优质教育应是不限制学生想象力的"有限教育"，再"好"的教育如果无休止地占用学生的时间和空间也不免坠入低等的劣质的教育的界定。

　　坚持不懈地追求"有限教育"是实现教育产业升级、提高教育素质、扩大优质教育资源的前提和途径。高耗时、高耗力的应试教育，在改革开放恢复高考之后的相当一段时间内，由于校舍简陋、设备落后、师资不达标等诸种原因，它的存在也是可以理解的，但是进入 21 世纪以来，这些制约因素至少在县城以上的中小学已不复存在，我国完全具备了实现"有限教育"的条件。我国的工业经过产业结构的调整和技术条件的改善，正在大力淘汰落后的高耗能的劳动密集型产业，代之以低耗能高效益的高新技术产业，逐步实现产业的升级。教育产业为什么在多媒体和网络等新教学手段早就进了课堂、不少博士硕士生到了中学任教的优越条件下仍然不能更新教法从而实现产业升级？为什么计划 600 天完成的高中学业而硬要花 900 天甚至更多的时间去完成？难道我们不知道多耗费 300 多天耗去的是学生的创造力乃至青春与活力？国内外大量名牌学校的成功实践证明，实现高效益的"有限教育"是完全可能的，核心问题是要更新教育观念，彻底抛弃时间加汗水等于质量的陈腐效益观。

　　一般来说，没有学校教育就没有人才，但仅有学校教育就只有庸才。教育要承担起兴国的使命，扩大优质教育资源，培养创造性的人才，除了实现有限教育别无他途。

（2007 年 1 月《湖北教育·时政新闻》）

树立师德典范，实现"绿色升学率"

今年 9 月 10 日是第 26 个教师节，湖北省蕲春县第四中学教师汪金权等十名教师被教育部授予"全国教书育人楷模"称号。他们是新时代师德楷模的杰出代表，是广大教师学习的榜样。

关于师德的论述自古有之。"为人师表""以身作则""循循善诱""诲人不倦""躬行实践""学高为师身正为范"等代表了不同历史时期师德的规范和要求。"好的师风师德就是一本教科书，对学生的影响是终身的"，师德对学生一生的发展作用重大、影响深远。在新颁布的《国家中长期教育改革和发展规划纲要》中，第一次对教师的"高素质、专业化"提出了明确要求。这十位楷模正是体现这一要求的典范。

随着时代的发展和社会的进步，师德规范的内容不断更新，评判标准也在悄然发生着变化，社会对教师的师德提出了更高要求。坚定地实施素质教育抑或顽固地坚持应试教育已经成为评价师德是否高尚的一项重要标准。换言之，坚定不移地推行素质教育，全面发展学生的综合素质，培养学生的创新精神，这是师德高尚的表现，我们应当坚持；固守应试教育的狭小阵地，把教师和学校的社会声誉、地位荣辱全系于逼迫学生片面追求分数的成败上而不注重学生综合能力的培养，这不是师德高尚的表现，我们必须摒弃！

素质教育倡导"绿色升学率"，注重发展每个学生的综合素质，让所有学生树立学习的信心，体验成功的乐趣，其长远的意义是让每一个学子带动一个家庭走向富裕，让每一个家庭远离"读书致贫"的悲惨命运，从而使我们的国家更加富裕和强大。应试教育片面追求考试分数和升学率，忽视了学生的个性张扬，磨灭了学生的创造力，最终培养出"高分低能"的"书呆子"。

当前在推进素质教育的过程中，要提高学生的整体素质，促进其全面发展，关键是提高教师素质，而师德无疑是教师素质的核心。实施素质教育，教师不仅需要具备渊博的知识，更要有高尚的师德修养水平。就此而言，以全面提高学生综合素质、培养各方面能力为根本目的的素质教育，和以培养高素质人才为己任的师德建设，两者相辅相成，协调统一。在这样的教育改革创新历程中，推出教书育人楷模，对进一步推进素质教育，意义重大而深远。

刚刚颁布不久的《教育规划纲要》指出：要"以提高质量为核心，全面实施素质教育"，要将"师德表现作为教师考核、聘任（聘用）和评价的首要内容"。十位楷模，为我们树立了师德的典范，也为我们提供了实施素质教育的典范，学习弘扬他们的精神，对培养更多的优秀教师，办好更多的优质学校，具有很强的现实意义。

（2010 年 9 月 10 日《中国教育报》）

宜昌市一中考入武汉重点大学学生发展情况调查

　　素有"九省通衢"之称的武汉市，不仅是全国水陆交通的枢纽，也是全国重要的经济城市和文化中心，同时因云集了众多的重点高校而成为全国的人才输送基地。全国 211 工程重点大学中，这里就有武汉大学、华中科技大学、武汉理工大学、华中师范大学、华中农业大学、中国地质大学、中南财经政法大学等 7 所。其领头羊武汉大学和华中科技大学因植根于源远流长的楚文化丰厚土壤中，以海纳百川的胸襟吸收世界文化之精华，吸引着国内外的莘莘学子。正可谓学府深深，人才济济。从地处鄂西的宜昌市一中考入这两所高校的学子，参与到处于最前沿优秀人才的竞争中，他们处于怎样的生存发展状态？他们还能是两大学府中的佼佼者吗？

　　应社会各方面的要求，武大和华科两所高校负责学生工作的部门以省示范高中为单位，对近几年来考入该校学生的综合情况进行了全面的统计分析。统计发现，来自宜昌市一中的学生，他们在进入高校后的表现和发展普遍受到了广泛称赞。他们几乎都是各自班级、院系和学校的骨干和中坚力量，无论是思想表现、学习成绩还是工作能力，宜昌市一中的学生是绝对的佼佼者。而这一点，也与宜昌市一中百年校庆筹备活动中的一项统计不谋而合。

　　为筹备学校百年校庆收集校友信息，宜昌市一中一行五人于今年四月下旬专程赴武汉市，对该校考入武汉大学、华中科技大学学生的基本情况进行了跟踪调查。调查中发现，2004 年以来由一中考入两所高校的近 200 名学生，普遍表现出良好的发展态势。在与部分高校教师和学生代表的交流中，大家都不约而同地表达了这样的观点：宜昌市一中的素质教育着眼于学生的全面发展、终身发展，锻炼了学生各方面的能力，培养的是深受高校和社会欢迎的精英型人才！

综合素质高，加入党组织多

2010 年在宜昌市一中北京校友联谊会致辞

　　宜昌市一中的学生思想成熟，他们处事大方得体，充满活力而不失稳重，深得老师和同学信赖，进入高校后在大一、大二就入党的占有很高的比率。"在大学，要加入党组织，思想素质要好，学习成绩要求高，工作能力突出，以上几点缺一不可。"华中科技大学学生工作处的老师介绍说。2004年以来在武汉大学入党的一中学生有 29 人，在华中科技大学入党的一中学生 24

人。"这个比例是非常高的。"两所大学的学工处负责人这样评价。熊婵，华中科技大学大四学生，是测控技术与仪器专业学生党支部书记，大学阶段多次获得自强奖、优秀干部奖、优秀党支部书记等荣誉称号和奖学金。提起熊婵，华中科技大学负责学生工作的老师赞不绝口：因综合素质好，工作能力突出，在大家都在为找一份工作而发愁的时候，她却同时被好几家上市国企相中。向涛同学，2004 年毕业于宜昌市一中，现在是武汉大学遥感科学与技术专业的学生党支部书记，是学校暑期社会实践活动先进个人，他的大学生活丰富多彩，脸上总是绽放着阳光般的笑容。对于来自宜昌市一中的学生党员，两校负责学生工作的老师一致认为：学习成绩出类拔萃，工作具有创新精神，素质全面起点高，发展潜力大，他们在大学生中发挥着不可小视的模范带头作用和积极向上的引导作用。

学习成绩优异，可持续性发展能力突出

实实在在的素质教育提高了一中学子的综合素质和能力，也培养和锻炼了他们自主学习的良好习惯。众所周知，与中学学习方式最大的不同是，大学阶段对学生自学能力的要求特别高。宜昌一中的学生，学习最突出的特点就是一个"活"字。这个"活"字集中的体现就是学会学习、善于学习；这个"活"字不是死记硬背，而是在一中老师有步骤、启发式引导下，掌握了高效而科学的学习方法。这样的学习方式，使一中学子可以举一反三，触类旁通。这样的学生，在进入高校后，学习上会更具优势。据调查统计，考入武汉大学的 98 名一中学子，有 8 人次获得甲等奖学金，15 人次获得乙等奖学金，18 人次获得丙等奖学金，12 人次获得各种专项奖学金，获奖学金比例达 54%。考入华中科技大学的 91 名一中学子，有 60 人获得人民奖学金、优秀干部奖学金、自强奖学金、文体奖学金等众多项目

奖学金，获奖比例达 66％。2006 年考入华中科技大学的何立群，大一时获得 1200 元的学优（学习优秀）奖学金。她告诉宜昌市一中的老师，只有学习成绩综合排名在本年度全校前 40 名的学生才可能获得这一奖项。李靖同学，2006 年由宜昌市一中考入武汉大学，是班上学习委员，成绩突出，曾获国家奖学金。武汉大学的吴寅同学，几次获得学校乙等奖学金；担任院学生会主席，将学生会管理得井井有条，在学生中有很高的威信。向田恬同学，是武汉大学学院社联副主席，在担任社会工作的同时，丝毫不放松学习，先后荣获甲等奖学金、梅景能奖学金，她还获得"三好学生"的光荣称号。还有许多宜昌一中毕业生，像吴寅和向田恬一样，在高校身兼班、系、院、校数职，尽管头衔众多，但他们工作依然有声有色，学习成绩在班上和年级均位居前列。

担任学生干部比例高，社会活动能力强

华中科技大学学生工作处马冬卉处长在得知宜昌市一中一行的来意后，竟然一口气说出了 30 多名由宜昌市一中毕业考入华中科技大学的学生姓名和表现情况，这些学生分布在华中科技大学不同的学院、系、年级和专业。正当宜昌市一中的老师们不得不佩服马处长记忆力惊人之际，马处长微笑着告诉大家：因为宜昌市一中的学生在学习、担任各级学生干部、参加文体活动和各类社会实践等方面都表现相当出众，是学生中的佼佼者，所以记住他们一点儿也不奇怪！

2004 至 2007 年，宜昌市一中考入华中科技大学的 91 名学生当中，担任学生会、团委、社团组织学生干部的学生就有 71 人次，占考入该校学生人数比例的 78％，其中有 5 人担任学生会主席、26 人担任学生会部长、5 人担任班长、4 人担任党支部、团支部书记。2004 至 2007 年考入武汉大学的 98 名一中学子，担任学生会、团委、社团组织学生干部的学

生就有 69 人次，占考入该校学生人数比例的 71％，其中 2 人担任学生会主席、18 人担任学生会部长、4 人任班长、4 人任党支部、团支部书记。

能够在人才济济的大学校园里担任重要的学生干部职务，一中学子适应社会、融入社会的能力可见一斑，武汉大学负责学生工作的负责人介绍说。张雪，宜昌市一中 2007 届毕业生、现武汉大学大二日语专业学生，大一刚进校，以其扎实的文化功底和较全面的综合素质，在激烈的学生干部竞选活动中脱颖而出，先后竞选为武汉大学外语文学院日语系团总支书记、学院社联部干部、学校权益部副部长。"这要得益于我在高中时的锻炼，让我在面对竞争时始终充满了信心。"张雪如是说。张雪在宜昌市一中时就代表全国青少年出席全国在北京举行的"青春与知识产权同行"宣传教育活动，并在开幕式和闭幕式上，作为全国青少年形象大使分别宣读了倡议书和《长江宣言》，中国新闻社、中央电视台、北京电视台等全国知名媒体纷纷对张雪进行了采访报道。她在第 21 届湖北省青少年科技创新大赛上，摘得了大赛一等奖桂冠。今年 5 月，在鄂 10 所高校联合举办了"新闻先生新闻小姐暨高校主持人"大赛，共有 800 多优秀学生报名参赛，张雪作为唯一一名大一学生进入了决赛。6 月 1 日，北京奥运火炬在宜昌进行了传递，张雪以武汉大学宜昌籍志愿者的身份回到了家乡，负责全程接待来宜昌参加奥运火炬传递的香港著名歌星莫文蔚。

现就读于华科大电气工程及其自动化专业的大一学生、年级学生会生活部长、宜昌市一中 2007 届毕业生程龙介绍说，在这里竞选学生会干部非常严格，要经过两轮选拔，首先是参加竞选演说，确定面试入围人选，其次是面试答辩，由教师评委通过现场答辩的形式，综合考察后决定最后人选，一般参加竞选的人数较多，最后能加入学生会可以说是优中选优。

张涵之，2005 年一进校就担任新生文艺晚会的节目主持人，并凭借出色的表现成为华中科技大学各种大型晚会的当家主持人，受到学校师生的广泛好评。张涵之还是学校辩论队的主力辩手，经常参加院系辩论大赛。高中时她是学校团委副书记，组织能力突出，口头表达能力强。在大学阶段，她将自己的优势充分展现出来，成为全校上上下下都知晓的名人。刘明辉，2004年由宜昌市一中考入武汉大学，在班上担任班长一职，同时，多才多艺的他，还是学院排球队队长，在学校多次荣获人民奖学金。刘明辉说，要感谢高中母校每年举办的体育艺术节，为他们锻炼能力、全面发展提供了全方位的平台。刘通，2004年考入华中科技大学，现在是学校艺术团合唱队男低声部部长、预备党员，2005年7月代表华中科技大学参加在北京举行的第一届全国大学生艺术展演活动，参与表演的合唱《大漠之夜》获全国一等奖。刘通说，高中时积极参加学校艺术节，培养了各方面的能力。在音乐方面有特长的刘通，在一中时是艺术节上的"校园明星"，多次参加宜昌市、湖北省"三独"比赛（独唱、独奏、独舞）并获得一等奖，为他顺利进入重点大学赢得降分录取的优惠政策。

就业、保研与出国，一中学子发展前景广阔

同样，这些来自于宜昌市一中的学生，在武汉高校经过发展后，纷纷成为政府机关、跨国集团、大型国企和上市公司青睐的对象。彭阳阳，2003年由宜昌市一中考入华中科技大学，2007年毕业后放弃已经联系好的效益非常不错的工作单位，只身南下广东，到广东发展银行应聘管理岗位并被录取。与彭阳阳一同进入应聘面试环节的有30多人，他们都是全国重点高校的优秀学生，能力强，素质好，在这样的竞争环境中，广东发展银行最后录取两人，另外录取的一人来自广东暨南大学。彭阳阳说，在高中时代，除了学习知识，更重要的是老师教我学会了做人，学会了为人处世，一旦走出校门踏入社会，就非常容易被社会接纳被他人认可，现处于见习期的他，年薪6万多元，几个月后见习期满转正，年

薪将超过 10 万。"工资待遇不是我主要关注的，我更看中单位的发展前景和自身价值的实现。"电话那端，彭阳阳自信地说道。因为实力出众，他没有感受现在许多大学生毕业后面临失业的巨大压力，工作就业一切显得轻松而自然。周翾，2004 年考入武汉大学后，成为学生党员，多次获得人民奖学金，现在已保送北京大学攻读硕士研究生。吕翼，2004 年考入华中科技大学，现已经取得香港科技大学硕士研究生入学资格，成为内地为数不多考取香港著名高校研究生的学生之一。任山君，2004 年考入武汉大学地理信息系统专业，学生党员。因为在大学的突出表现，现已经申请到公费出国项目，即将走出国门，利用难得的学习机会，学习国外先进的科学技术，学成归国报效祖国成为她的下一个奋斗目标。

在武汉大学和华中科技大学，时间虽然不长，但宜昌市一中的老师们感受最深切的是一中的学子在竞争激烈的大学校园内，始终保持着旺盛的战斗力；宜昌市一中的老师们听到最多的是：宜昌市一中的毕业生整体素质好，可持续发展能力强，学习相对其他高中毕业生更轻松，在大学校园更有活力。

在名牌高校的每一个大学生身上，都明显地带有高中学习方式的印记。有的以一身才气走进高等学府，始终是充满自信、活力四射的阳光形象，不仅是校园中的佼佼者，是职场上的抢手人才，更是社会各行各业的领军人物；有的学生除了高考分数，一无长处，精神萎靡，性格孤僻，不仅是校园中"被遗忘的角落"，更是职场上的"伤心落泪人"，甚至成为社会上的"啃老族"。这就是素质教育和应试教育给予学生截然不同的品质！

窥一斑而知全豹。宜昌市一中的学子正在用自己的实际表现告诉人们，在高中，情商和智商同等重要，学习知识与培养能力缺一不可，只有全面发展，才能终身发展，从而在更高层次的平台上始终领先。他们是宜昌市一中素质教育成果的最好诠释。

Chapter 3
第三章

校长管理

省重点中学"推普"的困难与对策：
纳入常规管理轨道

　　中小学一般在理论上不会否认"推普"的意义，但在现实生活中，"推普"又往往被当成"软指标"而常遭冷遇。一般说来，幼儿园与小学是"推普"最有成效的学段，初中比较好，但到了高中，尤其是省重点中学，这项工作却普遍难以开展。客观原因是"千军万马过独木桥"的工作几乎压倒了一切，学校工作以升学率为中心，易于冲击或淹没其他看似与升学率关系不大的工作，"推普"则往往被当成救不了"近火"的"远水"而被晾在一边。主观上讲，由于种种原因，高中老师对"推普"的现实意义并没有深刻的认识。尽管我国《宪法》早就规定"推广全国通用的普通话"，《义务教育法》也规定"学校应推广全国通用的普通话"，但仍有一些老师认为，我用方言讲课得心应手，学生照样喜欢，讲普通话憋得难受不说，还发挥不出水平；有的则认为，学生不会讲普通话，走入社会不照样工作、生活得很好吗？就业时会讲普通话也不见得有什么优势；还有人认为，广东人有几个会说普通话？广东不是富起来了吗？普通话的家乡——北方可还未见富呢。有了这主、客观两方面的原因，重点中学的推普工作可谓难上加难，弄得不好，还会被扣上形式主义的帽子，甚至引起反感而陷入无法启动的狼狈境地。因此，学校的"推普"工作也曾经历过"说起来重要，干起来不要，检查时哄，检查后空"的曲折过程，其特点是时断时续，时冷时热，没有恰当而稳定的位置。

面对这个实际情况，永久性的办法只有一个，那就是将"推普"纳入学校常规管理轨道。所谓常规管理，就如同学科竞赛、会考、高考一样，每天、每周、每月、每学期都必须常抓不懈，不可或缺。这是"推普"落实到实处的可靠保证。

将"推普"纳入常规管理轨道，也不是靠强行规定能够做到的。首先，它必须建立在全校师生对"推普"意义的深刻认识与理解的基础上；其次要采取切实可行的措施给它注入实质性的具体内容。

学校领导提高认识始终是真抓实干的关键。学校领导班子有一个共识，那就是社会主义现代化建设，也应包含民族语言的规范与共同化建设，在一个象征封闭与保守的方言充斥而没有共同语言的国家搞现代化建设，这是不可想象的。"推普"是大势所趋，与其坐等大气候，不如先行一步，搞出点名堂来！况且，作为省重点中学的学生，将来大多奔赴祖国的四面八方，是推广普通话、促进地方融合的难得的媒体。一中的教育投入不能没有这方面的产出！领导认识上来了，宣传工作也就好开展了。作为省重点中学，学校教职工来源于湖北省各个方言区，尤以荆、孝、黄三个地区的同志为多。他们方音重，较宜昌籍的老师，普通话水平相对差一些；而我们的学生普通话水平普通较高，九年的义务教育已经给他们打下了良好的普通话基础，倒是老师的普通话滞后。抓住了这个主要矛盾，我们的宣传工作就有的放矢了。

宣传求实是认识落实的基础。第一，我们在人才观方面做文章。不错，抓升学率，为国家多输送几个人才，这固然不可轻易否定，重点中学输送给社会的人才，一般层次较高，很大一部分将会成为尖端人才。

但什么是人才？什么样的人才堪称跨世纪的人才？除了其他许多必要的条件，还有一点是必不可少的：良好的传达信息的能力，即能轻松而准确地将自己的创造成果（包括思想成果）传达给别人，使之再通过许多人的头脑与劳动，变成物质成果或行动，从而作用于社会。如果缺乏这种能力，一口方言使人不知所云，这样的人至多只能算一个有严重缺陷的人才。随着工业化时代向信息化时代迈进步伐的加快，信息资源的开发程度和信息产业发展水平的提高，这样的人迟早要落伍。重点中学如果尽培养这样的人才，那是多大的资源浪费！第二，从"推普"与高考的关系方面打算盘，实际上，"推普"与高考并不像人们所说的那样关系不大，翻开语文高考试卷，哪一年没有近 10 分的普通话内容的直接考题？而每年高考，全国全省因一分之差而痛失机遇的考生何其多也？尤其值得注意的是，我校向高校保送学生越来越多，去年 19 人，今年达到 27 人。高考前夕全国几十所高校招生人员来我校物色人选，那些普通话好、能与之进行流畅交流的同学易于得到青睐；相反，个别方言重导致见面拘束木讷的同学则很难入选。武汉大学政治系一培养政工人员的班级下来招生，要录下学生的演讲，以备带回研究，决定录取与否。这能说明"推普"是搞形式主义吗？第三，从教学与集会宣传的效果方面找结论。我们有足够的机会进行对比，也有足够的理由得出这样的结论：采用普通话教学与集会宣传的气氛与效果远远优于方言。学生普遍反映，连听了普通话教学的几节课后，突然进来一个老师讲方言，觉得很不协调，唤不起那种课堂气氛与学习热情，教学效果连打折扣。这也是学生在以前的评教评学中强烈要求个别教师讲普通话的原因。以上这些道理，切合实际容易服人，使学校教职工终于明白了："推普"的意义并不是可望而不可即，它实际上就作用于我们日常的教学实践中，马虎不得！如此一来，不少教师不用你去做什么工作，他们自己就下决心将用了几年乃至几十年的方言改了过来，更没有人把"推普"视为搞形式主义了。

认识一上去，措施要跟上。我校"推普"措施主要有五点。

第一，建立一个有学校主管领导参加的"推普"领导小组，领导与推动全校"推普"工作。学校领导小组具有稳定性、辐射性、权威性的特点。他们领导着一支师生推普员队伍，起到层层发动和培训、考核、宣传督促与表彰等作用。

第二，从 1986 年开始，学校规定对新生进行普通话加试，在考生其他条件相当的情况下，普通话加试成绩突出的优先录取，对在市级及市级以上朗诵或演讲比赛中获得一等奖的适当降分录取。这项措施不但保证了进入我校的新生的普通话水平，而且将推普辐射到各初中，社会效益很高。

第三，积极组织教职工参加省、市、校级普通话培训与统考。我校每年都会派出年轻教师参加省语委组织的普通话培训。1992 年有 40 位教职工参加市语委组织的语音考试，同年有 39 位获得普通话合格证书。到目前为止，我校有近百人获得了普通话合格证书，占教职工的绝大多数。

第四，师生定期进行朗诵与演讲比赛。从 1986 年起，学校政教处对学生进行系列化的教育，在各年级进行大面积的演讲比赛。如高一年级学生的特点是，认为进了一中就等于一只脚跨进了大学校门，求知欲强而目的不太明确；另外，他们多是独生子女，对生活的要求甚高，而对自己在道德文明方面的要求则是低标准。针对这种情况，学校侧重对他们进行学习目的与道德规范教育。教育的方式主要是利用班会与团活动时间，组织一些诸如"祖国在我心中""一中学生应有怎样的道德规范"等主题班会或演讲会，寓"推普"于系统化的教育中。教职工也每年举行同类型的比赛。今年 9 月，全校教职工聚集一堂，观看 20 位教职工参加普通话朗诵比赛，并当场评出一、二、三等奖若干名。朱泽检校长也兴致勃勃地登台献艺，用普通话朗诵并发表了即兴演讲，给老师们以很大的鼓舞，这些活动给"推普"创造了一个氛围。

第五，实行承包制，缩小包围圈，全线出击，攻克"堡垒"。教职工推普员实行个人承包制，将个别由于基础差或思想问题而不能讲普通话的老师承包给推普员，限期突破。学校每学期公布"推普"成果，给"特困户"以一定的压力。同时，学校党政工团齐动员，全方位"推普"，各部门开展工作都尽可能地与"推普"挂钩。如教务处每年组织优质课竞赛，普通话不过关，一票否决；凡"推普"落后的教研组与备课组，都不能评为先进集体；工会明确规定，凡"推普"落后的办公室不能评为文明办公室；校行政决定，不用普通话教学，凡50岁以下的老师年终不能评为"先进工作者"，新教师不能如期转正定级。这些都是硬指标，易于操作，很能解决问题。

综上所述，"推普"工作，提高认识是基础，我们的宣传求真求实；付诸行动是重点，我们的措施切实得力。建立在这两点之上的纳入常规管理轨道的"推普"工作，避免了忽生忽灭的厄运而得以健康发展，并给学校带来了综合性效益。八年来全校共有四次被评为省、市"推普"先进单位，有85人次在省市级组织的朗诵与演讲比赛中获奖，许多同学被聘为宜昌市三峡电视台业余节目主持人，50岁以下的教师100%用普通话教学。同时，校园文明建设跨上了一个新台阶，教学质量提高了，师生语言净化了，粗话脏话减少了，精神风貌变化了。我们将再接再厉，向校园无方言的目标迈进。

（1994年10月20日在全省"推普"会上的发言）

教学管理之两翼：常规与创造

人们都说教务主任最难当，上承校长"旨意"，下则直接与师生打交道，安排全校每天的教学教研活动，还兼管图书室、实验室、文印室……事繁务杂。不过，教学管理同其他管理一样，常规与创造是其最基本的两个概念，抓住了这两点就抓住了教学管理。

常规就是指较稳定呈周期性变化的工作。从教学来讲，教师把握好"备""教""改""辅""考"五个环节，按照教学规律，周而复始地推进教学过程，这就是常规。从教学管理来讲，招生、分班、聘请教师、制订教学计划、编排课表、开学上课、举行公开课、抓集体备课、安排考试、质量分析、评教评学、召开师生座谈会等等，这些就是常规。教学常规管理是教学管理的重心。

由于常规工作具有周期性，这就要求常规管理必须制度化、标准化、序列化，是否达到这"三化"要求，是衡量常规管理成功与否的标志。根据教学规律，制订教学管理制度，犹如以法治国，有准有绳。但制度化是建立在标准化基础之上的，没有每项工作的相对的标准化，就谈不上制度化；而标准化又依赖于不断地总结完善。譬如学校的集体备课，就经历了一个从粗疏到完善的过程。以前的集体备课要求不具体，随意性大，后来发展到"四备"——备大纲、备教材、备"双基"、备学生实际，"四明确"——明确重点、明确难点、明确知识能力点、明确教育点，"两落实"——落实基础知识、落实基本能力，"五统一"——统一内容、统一重难点、统一作业、统一资料、统一测验这样一个相对标准化的阶段。只有那些责任心强勇于进取的管理工作者才能不断地总结提高，常规工作才可能不断上档次。从纵向的角度来看，计划管理是达到序列化要求的有效管理手段。开学伊始，教务处、教研组、备课组层层订出切实可行的教学管理计划，然后付诸实施，并及时加以检查，总结与表彰，整个教学常规工作就在计划的链条上节节展开，条理清楚，阶段性强，而不是杂乱无章、漫无头绪。

不管是制度管理，还是计划管理，最终还是靠人去执行与落实，教务主任的工作重点是将各项工作落实到人，实行责任制，而不必事事躬亲。这样就可以摆脱琐碎的事务，抓点创造性的工作。

创造，就是在不断进行的教学管理实践中探索出的新路子、新办法。针对学生升入高中，学习方法不适应这一情况，教务处聘请骨干教师研究学法指导这一新课题，然后对学生进行学法指导讲座，学生收获甚大。又如以加强教研组职能为核心的教学管理体制的建设、教学评估体系的建设、教务处全学期听课汇总讲评、举行全校性示范课等等。

常规与创造构成了教学管理工作的两大内容。常规来自创造，成功的创造被实践检验而定型之后，又被转化为常规工作，不断丰富常规的内容。常规工作的周而复始，不是简单的重复，而是一个不断吸收新的创造成果，淘汰过时的，完善具有生命力的东西的过程。

（1995 年 3 月 6 日《湖北教育报》）

校长如何担起素质教育的重任

一个好校长就是一所好学校，实施素质教育，校长责无旁贷。那么，作为校长，如何才能担当这 ·重任？

首先，校长必须建立一种教育理念，这就是：既然党和国家把建国兴邦的使命赋予了教育，我们就应该为此献身；既然只有素质教育才能承担建国兴邦的历史责任，我们就应该为实施素质教育而义无反顾。只有确立了这种教育理念，我们的校长才不会徘徊瞻顾，才不会为个人进退和学校的短期利益而置学生的前途和国家利益于不顾，才可能毅然决然地推进素质教育。平心而论，哪一个校长不知道应试教育窒息民族生机与活力这一致命危害？哪一个校长不懂得素质教育的现实意义和一些基本的实施办法？但为什么在实践上存在着巨大差距？其根源就在于是否建立了这一教育理念。说到底，没有这一理念，素质教育无从谈起。

其次，校长应把这种理念转化为全校师生乃至学生家长的共识。素质教育的争论持续多年，师生认识仍存在很大差异。正如联合国教科文组织所提醒的那样，没有教师的自觉参与，教育改革就不可能成功，所以校长应通过各种形式的宣传，至少让80％以上的师生理解素质教育的意义。我校从1993年开始，进行素质教育的大讨论，时至1997年，思想已基本统一；从 1994 年招生开始，学校运用市场经济与计划经济对人才的不同需求的理论，进行较为广泛的社会宣传，获得了全市人民对我校办学思想的认同。这就是实施素质教育的思想基础。没有这一思想基础，素质教育无从开展。

第三，校长要集中全校师生的智慧，制订切实可行的素质教育方案。素质教育虽不能神秘化，但也绝不能简单化，只有根据本校条件，制订一个较为系统的方案，才可能调动全校人力与物力，协同行动，打开局面，否则零打碎敲，断断续续，不可能成功。1997 年，学校召开教代会，讨论通过了《宜昌市一中五年发展规划和十年奋斗目标》，确定了我校素质教育发展之路，并开始了教育转轨的实践。1998 年 7 月，学校召开三天行政会，专门研究素质教育问题。会后，我亲自起草了一份素质教育方案。8 月，召开教职工代表大会，讨论、修改、通过了《宜昌市一中素质教育实施方案》。9 月，开始全面实施。时至去年底，方案内容已基本落实到位，我们已经走出了一条素质教育发展之路。目前，我校素质教育无疑走在全市、全省的前列，市内外每年来我校参观、学习的有上百批次之多，被省教委确定为湖北省素质教育试点学校。

第四，要制订素质教育考评方案，以使素质教育形成机制而不致中途夭折。目前，学校制订了教师、班级、年级实施素质教育的评估条例。虽还不太完善，但已与教师、班级、年级的奖惩挂钩，力度很大。

教育理念是前提，统一师生思想认识是基础，制订与实施素质教育方案是核心，考评是保障，这就是校长在实施素质教育工作中应做的主要事情。此外，还应强化科研、提高单位时间的教学效率。培训师资，为素质教育提供智力支持等，也是非常重要的，这里不一一赘述。

（2000 年 1 月 16 日《宜昌日报》）

兴国的使命，一流的教育

宜昌市一中创办于1910年，现有31个教学班，在职教职工170人。校园面积80亩，分成规范的学习、运动、生活三大区，环境优美，四季鸟语花香。建筑面积4万多平方米，现代化的教学装备达到省内先进水平。

我们这所仅在城区40万人口范围内招生的省级重点中学，先后被评为省示范学校、绿色学校、文明单位、素质教育试点校、高水平运动员培训试点校、市文明单位、名牌学校。

如果说悠久的历史使学校成为川东鄂西地区一所历史名校的话，那么近五年来素质教育的成功实践则使我们向跻身全国名校的目标迈出了一大步。

目标与发展

学校实现跨越式发展，取得骄人的成绩，首先在于有一种强烈的兴国的使命感，以"发展才是硬道理"的重要思想指导我们的工作，始终抓住发展这个主题，扎扎实实地不断开创新局面。1997年4月，有感于我国实施科教兴国战略赋予教育的使命，召开了在学校发展史上具有里程碑意义的第四届第一次教代会，讨论通过了《宜昌市一中五年发展规划和十年奋斗目标》，确定了"五年打基础实现省内一流，十年腾飞实现全国一流"的发展蓝图。1998年又召开了四届三次教代会，讨论通过了《〈宜昌市一中五年发展规划和十年奋斗目标〉三年实施方案》，又提出了创全省"最佳文明单位"和"素质教育模范学校"等子目标。在大部分发展指标提前实现的情况下，又于2001年召开了五届三次教代会，讨论通过了《宜昌市一中第二个五年发展规划》。在目标的感召下，学校全体教职员工团结奋斗，加快了学校发展步伐。五年来，办学规模扩大，学生增加一倍，投资4000多万元，搬迁校内民房31户，扩大校园面积600多平方米，扩建校舍近3万平方米，是新中国成立以来的1.6倍，装备教学设施达到400多万元，实现了以信息技术为核心的教学手段的现代化。一流的硬件建设，加上一流的教育质量，今日的一中已是数字化、园林化的最为全市中学生向往的学习天堂。

体制与机制

要实现一流的发展目标，必须要有一流的管理；实现一流的管理，必须首先从体制和机制上着手改革。我们以"依法治校，科研兴校"八字治校方略和"强化'德'、坚持'全'、注重'实'、讲究'活'、追求'新'、着眼'管'"十八字办学方针为指导，首先适应素质教育的需要从管理体制上进行改革，实行校长负责制，在原来只有"三处一室"管理框架基础上，以不增人为原则，增加了三个年级组和体卫艺处，迅速实现了学校全方位管理的规范与高效。其次，从机制上进行调整。五年中共制订各项规章制度100多项，实现从"人治"走向"法治"；实施1997和1998年制订的《宜昌市一中聘任制方案》《宜昌市一中低职高聘、高职低聘方案》《宜昌市一中校内津贴调整方案》，实行全员聘任制和结构工资制，从中层干部到一般教职员工都竞争上岗，迅速实现了"干部可上可下，人员可进可出，职称可高可低，收入可多可少"的竞争局面。机制的调整在极大激发了学校发展活力的同时，还实现了管理"自动化"的高层次目标。

素质教育与教育素质

体制与机制上的改革，都是为实现素质教育打基础的。素质教育为科教兴国的战略所必需，但其复杂程度却是远胜于应试教育，没有强有力的机制作保证，要率先踏出一条素质教育的路来，做现代教育的吃螃蟹者是根本不可能的。我校的素质教育是以提高教育的素质，培养富有活力的开拓创新型人才为目的的，是一种系统的长时间的而非支离破碎的昙花一现式的教育实践，而且取得了很大的成功。中央电视台、中央教育电视台、《中国教育报》等新闻媒体都对此进行过多次报道，在全国产生了很大影响。

抓学生"自治"是我校实施素质教育的突破口。1997年开始，我校废除从应试教育衍生出来的保姆式德育方式，民主选举学生干部，"还政于民"，让学生充分享受班级和学校常规管理这一宝贵的教育资源，民主管理学校，真正做起了学校的主人。第二步，抓课程结构的调整，建立素质教育基本框架。1998年我校召开第四届第四次教代会，讨论通过了《宜昌市一中素质教育实施方案》，系统地进行教学领域的改革，用"三三三制课程结构"规范素质教育的健康开展。第一个"三"是用第一课堂、第二课堂、活动课等三张课表指挥常规教学，65％的时间用于第一课堂必修课的教学，35％的时间用于学校开发的40多门选修课、活动课的教学。第二个"三"是每年举行体育节、艺术节、科技节，作为展示和交流素质教育成果的舞台。第三个"三"是创办三大报刊——《宜昌市一中报》《一中教研》《前茅》（文学季刊），作为素质教育的论坛和基地。这一课程结构，彻底结束了应试教育第一课堂一统天下，课业负担使学生疲于奔命的局面，形成立体的教学结构，给学生全面素质的提高，做学习的主人开辟了一个广阔的天地。第三步，建设一流的师资队伍，为素质教育提供智力保证。我校突破师资培养的旧框框，用"促进师生共同发展"的新理念，通过教科研的途径提高师资水平及其社会地位。几年来，争取了"英语单元整体教学""青少年巨大潜能开发"等十个市级以上科研课题，以轻负担高质量为目的，集体攻关研究，取得了丰硕的成果。五年来，我校生均三年在校学习时间比本市同级可比学校少80天（每天以8小时计），生均三年作业量少600个小时，但高考升学率平均高出10个百分点，今年第一批次上线率更高出近20个百分点，其他学科竞赛、体育、科技发明等方面的指标更是遥遥领先。随着办学水平的提高，教师的素质也发生了巨大变化。三年来，已有3位教师在全国教师优质课竞赛中获一等奖，20多位教师获省市级优质课竞赛一等奖，有40%以上的教师经常在省级以上刊物发表文章。今年教师节，我校优秀教师代表、全国外语优质课竞赛一等奖获得者、全国模范教师田爱华出席全国优秀教师表彰会，受到党和国家领导人的亲切接见，并荣幸地代表全国的教师在大会上宣读一份倡议书。我校劳技课教师、中国电子学会高级会员、全国青少年电子技师特级导师罗凡华出版的第19部著作——《点击发明——青少年发明创造方法与实例分析》，被列为全国中小学发明创造课推荐教材。

以拼消耗为特征的应试教育，只能是粗放型的低素质教育，而以科研含量支撑的素质教育是一种"集约型"的高素质的真正为科教兴国战略所需要的为人民群众所欢迎的教育。宜昌市一中最大的贡献也是最宝贵的经验就是用五年的素质教育实践证明了这一点。

宜昌一中，宜昌大地上一座教育丰碑！

（2002年1月《人民日报·时代潮》）

求索，志在高远

当校长将近十年，在我心中，甜酸苦辣难以细说，但"求索宜在远，高处未必寒"这十个字大抵可以概括。

理念需要忠诚作保证

在办学的过程中，校长的一言一行无不直接或间接受到教育理念的支配。一般情况下，具有怎样的理念就会办出怎样的教育。但支配或影响理念的因素也很多，诸如政策水平、学识水平、道德水准、实施能力等等。就我的亲身阅历来看，在当前的形势下，先进的办学理念最需要的是忠诚作保证。

"素质教育"一词，几乎全社会都已耳熟能详，从 1985 年开始讨论至今已 20 年，其并不复杂的基本内涵已为教育界的大多数人，尤其是校长群体所了解。素质教育要纠"应试教育"之偏，其利生、利师、利民、利国的种种好处及意义，有几个人真的看不出来？但是，在全国范围内素质教育到底推行得如何呢？不可否认，有许多敢于"吃螃蟹"的教育勇士为素质教育的推行作出了宝贵贡献，但尽管如此，"应试教育"之风仍有愈刮愈烈之势。

上世纪八十年代末至九十年代初，笔者作为一个普通教师，也热情参与了全国素质教育大讨论，感受颇深。正因如此，1997年我担任宜昌一中校长之后，清醒地认识到，无论对学校还是对我个人，走"应试教育"的老路可谓轻车熟路，最为保险也相对轻松。要推行素质教育，必然是筚路蓝缕，风险重重且倍加辛苦。但我选择了后者！

个人的力量是有限的。在任职后的前一年多时间，我三次主持召开全校教职员工代表大会，讨论通过了《宜昌市一中五年发展规划和十年奋斗目标》《宜昌市一中劳动工资制度改革方案》《宜昌市一中素质教育实施方案》等三个重要文件。第一个文件描绘了我校新的发展蓝图，决定了实现教育转轨，创全国素质教育名校的发展方向，这是在我校发展史上具有里程碑意义的文件。第二个文件启动了全员聘任制和分配制度改革，这在机制上为推行素质教育奠定了基础。第三个文件是我校素质教育全面启动的纲领性文件。

面对全市各高中之间激烈的高考竞争，一所本来就不占优势的学校突然作出一系列重大改革，是祸是福难以预料。通过逐步砍去持续多年的节假日补课，开设四十多门选修课，相应压缩了必修课时间并减少学生课业量，举办高水平的科技节、体育节、艺术节，我们一步步地改变着"应试教育"的教育教学模式，艰难地探索着素质教育的可行模式，全校教职员工付出了加倍的艰辛和汗水。在这样的过程中，面对社会上少数不知情者的种种责难，我的意志在经受着严峻的考验。但一颗忠诚的心始终支撑着我们战胜各种艰难困苦！我可以不当校长，但我不可以不搞素质教育，这就是我信念的底线！

庆幸的是，义无反顾地走过风雨，迎来的是彩霞满天！我想，绝大多数校长都有自己的教育理想和实现理想的基本能力，但追求理想所要付出的沉重代价却让一些人望而却步。所以，与其说当前急需更新教育观念，不如说首先要培养对祖国、对人民、对事业的忠诚！

学校管理需要更广阔的视野

从事学校管理，吸收教育理论的滋养固然十分重要，但是这还不够。对我的管理产生影响的有政治、经济、军事、文化等各方面的理论，尤其是党中央、国务院关于我国经济社会发展的一些重要文件。

正当教育界为"为什么开展素质教育""如何开展素质教育"而争论不休时，党的十四届五中全会于 1995 年在北京召开，会议通过的《中共中央关于制定国民经济和社会发展"九五"计划和 2010 年远景目标的建议》指出，实现"九五"计划和 2010 年远景目标的关键，是实行两个具有全局意义的根本性转变。其中第二个转变就是"经济增长方式从粗放型向集约型转变"，必须从高投入低产出、高消耗低效益的粗放型经济增长方式，转向主要依靠科技进步和提高劳动者素质等内涵发展的集约型经济增长方式。这马上让我联想到，教育质量的提高，不同样需要从以无休止的补课，大题量、高强度的训练为特征，以牺牲学生的身心健康为代价的"粗放型"，转向主要依靠提高教育过程中的科技含量和教师素质等内涵发展的"集约型"吗？经济增长方式不转变，我国的产业只能始终处在国际经济分工的底层，消耗着最可宝贵的资源。同样道理，假如教育质量提高方式不转变，我国的教育也将始终在低层次徘徊，吞噬着广大青少年的身心健康。

我由此对如何实施素质教育有了清醒的认识：要提高教育质量必须减少消耗，提高效率。于是，我们果断地砍掉了节假日补课，减少了必修课时和学生课业量，增加了大量的选修和活动课。同时，我们加快以多媒体为核心的教育设备更新步伐，提高教学中的技术含量。在此基础上，我们积极争取多个国家级科研课题，开展教育科研，通过提高教师素质来提高教育教学效率。我在教工大会上不断强化这样的观点：用超过国家规定的课时进行全班补课是无德无能的表现，是以占用学生自主的时间来弥补自己教育教学德能不足的行为！要珍惜和尊重学生自由支配的每一分钟！

2002 年，党的十六大提出了一个经济社会可持续发展战略，这又让我获益匪浅。"可持续发展"的国际定义是这样的："在满足当代人需要的同时，不损害后代人满足其自身需要的能力。"这就要求经济社会的发展不能建立在高耗能和破坏环境的基础上，而要提高经济增长质量和效益。教育更应该借鉴这一理念，让学生实现终身发展，而不应该采取野蛮的教育手段剥夺学生的终身发展能力。

"以德治校"要以学生发展为根本

所谓"以德治校"，我的理解和做法是：首先要以人为本，要以学生的成人成才、促进社会的文明进步，而不是以学校和教师的短期利益为办学的根本出发点，在学校和教师的利益同学生的长远利益发生矛盾时，要义无反顾地服从为学生服务的宗旨。

如果一方面大谈"以德治校"，一方面大搞"应试教育"，这就从根本上失去了"以德治校"的前提。有人辩称，"应试教育"其一责任在高考，其二根子在社会，教育本身无能为力。这两个借口在我看来真是滑稽可笑！高考制度何罪之有？发达国家不是同样也要高考吗？虽然形式不完全一样，高考升学率也比我国高许多，但选拔性的本质有何区别？即便是百分之百的大学入学率，也仍会有名牌和非名牌的竞争存在。人家为什么能按照教育规律办学，而我们为什么连基本的规范办学都做不到呢？显然高考制度不应是"应试教育"的理由和保护伞！另一方面，我也承认"应试教育"有一定的社会基础，但从事"应试教育"的第一责任人是学校教育，怎能把责任完全推给社会呢？如果国家税收完不成不找税务部门，社会治安不好不找公安部门，商业秩序混乱不找商业主管部门承担责任……都把责任推给所谓的"社会"，你不觉得荒唐可笑吗？

其次，"以德治校"要真正把德育放在首位。"德育为首"的口号人人都在喊，但现实情况是，一切以考试为中心的"应试教育"往往淡化甚至排斥德育。我认为，做人教育既是教育的核心价值所在，又是发展智、体、美育的重要动力所在。我校的素质教育是从改革德育开始的，一是针对由教师包办班务和校务管理的"保姆式弊端"，取消班主任"三到场"的硬性规定，把校园内所有的管理作为宝贵的资源让学生充分享受，实现陶行知先生倡导的学生"自治"的目标。为此，学校实行班级全员值周制对学生纪律、体育、卫生等进行督促、检查、考评，并在每周一的升旗仪式上进行讲评。班级常规管理只能由班委会完成，班主任不可越俎代庖。二是针对德育过于抽象、操作性不强的弊端，制订了《宜昌市一中素质教育德育学分制条例》，以详细的、可操作的条款来规范学生的言行，初步实现了德育生活化的目标。改革之后的德育是生活实践而不是单纯说教的德育，是学生主动参与而不是被动接受的德育，这使我校的德育标准在几年之内一再提高，师生精神面貌发生了可喜变化。

另外，"以德治校"不仅不排斥严格管理，而且要通过法治来实现。以人为本是德治的最高体现，但在西风东渐的大背景下，对以人为本的理解出现了一些偏差。有的把非西方主流文化的嬉皮士文化，视为"时髦"和所谓"酷"而加以仿效，把不遵纪守法甚至为所欲为视为"自由"和"个性"而加以追求。不少人面对这种情况要么认识迷茫，要么心存顾虑，不断降低德育标准，致使学校管理步步萎缩，而学生放纵、散漫和自以为是等毛病逐步膨胀。我认为这种放任自流绝不是以人为本，相反，为学生的终身发展负责的严格管理、严格要求才是抓住了以人为本的真谛。正因于此，我校的德育学分制的执行是非常认真严格的，可谓奖惩分明。

　　没有"法治"的所谓"以德治校"是不能持久的，而"法治"不得法也是不能持久的。常有这样两种情况：一种是心血来潮式的管理，即见到或想到什么令自己激动的事情，马上想出一个措施加以应对，缺乏深思熟虑，又不用制度来固化，以后遇到类似事情又采用其他临时性措施处理，缺乏公正公平；一种是完全凭个人意志，草率地出台各种没有群众基础的规章制度，制度的科学性和可行性都经不起推敲，结果一到执行，尽成画饼，看似制度齐全，而实际上都是废纸。正因此，制度本身从产生到贯彻执行再到检查评估，都要有一个机制。我任校长这些年十分注重制度建设，只要有利于师生共同发展的事情，大的一律经过教代会、学代会讨论通过，小的至少经过行政会讨论通过，从科学性到可行性、实效性，都要集中民智，规定清楚，暂时阐释不清楚的宁可不出台。这样，制度的制定和执行具有广泛的群众基础，治校的公正公平就不难做到了。

　　素质教育不仅使学生的生命之花开得绚烂，也使全校教职员工，包括作为一校之长的我愉快地生活在激情岁月里，沐浴着生命的光华。充满挑战的生活赋予人生以精彩，创造性劳动激活生命的潜能。如今，宜昌一中的办学业绩得到了社会各界的一致称赞，还有什么奖赏比这更令人欣慰的呢？

（2006 年 3 月 4 日《人民教育》）

校长管理方略谈

2010 年主持第七届中国名校长高峰会议

从 1997 年春季主持学校的工作，至今已过去了 15 年。看起来很漫长，但我感觉很快很快。在一所百年老校、省级重点中学、省级首批示范学校当校长，压力可想而知：每年迎进校园的是宜昌市最优秀的一批青年学子，但是每年送走的是不是祖国的栋梁之才？正是靠着这个压力所转化成的动力，让我充满激情地坚守在自己的岗位上，克难奋进，干出了一点成绩。

　　我的感情基础来自对生活的热爱，对祖国和人民的热爱。不论少年生活多么贫苦，不论思想多么苦闷，我似乎总改变不了对阳光、对沙滩、对山冈、对溪流的热爱，对未涉足的远方的无限憧憬。高中毕业之后，我找到已在县城工作的同学借到一本《中国近代史》，啃了几个月，比较系统地了解了1840年鸦片战争以来中华民族悲壮的抗争历程和中华同胞苦难的足迹，进一步产生了十分强烈的爱国主义感情，初步树立了报效祖国振兴中华的远大理想。我想去当兵，做过将军梦，但是我的身体条件限制了我。1977年恢复高考，我选择了武汉师范学院（现湖北大学）中文系，决心献身教育。我的同事和学生都说我是一个有激情的人，这个激情主要来自高中毕业之后所读的那本《中国近代史》对我永恒的激励：为恢复我高贵的中华民族的尊严而不懈奋斗！

　　在社会系统中，一个中学校长本没什么很高的社会地位，但对社会的影响又是很大的，因为教育是民族振兴、社会进步的基石，是提高国民素质、促进人的全面发展的根本途径。还有什么事情比让每一个学生成人成才更重要？一个孩子决定一个家庭的命运，孩子的成长和进步无疑是每一个家庭的核心利益；少年是共和国的未来，每一个中华少年的成长和进步是中华民族崛起的根本力量所在。好的教育可以将蠢材打磨成人才，坏的教育可以把天才弄成蠢材，从这个意义上讲，一校之长，常怀"如临深渊、如履薄冰"之心毫不夸张。积15年之经验教训，总结于此，愿与同仁们分享之。

夯实常规　着力创新

　　校长管理学校的艺术，就宏观而言，首先要处理好目标、常规和创新这三者的关系。

　　如果说"校长是一个学校的灵魂"，那么学校发展目标则是校长对学校实施管理的灵魂。如同我们国家离不开中长期发展目标和若干个五年发展目标一样，校长管理学校的第一件大事就是科学制定发展目标，勾画发展蓝图，这既是学校发展的要求，也是校长高层次的精神追求。没有一个发展蓝图，力量就无从整合，发展就缺乏动力。制定发展目标至少要考虑到三点。首先，制定目标一定要体现它的先进性。学校的发展目标不同于企业对利润的永恒的追求，应是通过促进学生的全面发展，培育能够支撑民族复兴大业的人才，而承担起党中央和全民族赋予教育的科教兴国的历史使命。如果我们的目标仅是学校增加多少土地，提高多少升学率，提高教职员工多少福利待遇，那就谈不上先进性了。校长的领导主要是思想的领导，先进的理念、科学的办学思想要凝结在办学目标的制定上，贯彻和落实于学校发展规划的逐步实现的过程中。其次，制定目标要有可行性。要把以主观形式存在于纸面上的发展目标物化为现实成果，这是一个主客观达成统一的过程，需要将对未来的判断与把握建立在对历史与现实条件的实事求是的分析的基础上，"跳起来可以摘到桃子"，而不是不切实际地空喊口号，更不是不负责任地哗众取宠。第三是目标制定的群众性。制定发展目标是一件非常重大的事情，是高智力的劳动，校长固然是制定目标的主心骨，但绝对不可独自炮制。我们应该广泛地发动群众，参与讨论，从而吸纳各方面的智慧，形成具有沉甸甸的分量的较为完善的文本。这样的目标实施起来具有广泛的群众基础，正所谓"从群众中来到群众中去"，事半功倍。现实中不乏这样的现象：发展规划或目标从产生之日起，就被束之高阁，无声无息，最终也就谈不上目标的达成。一个重要的原因就是目标是一两个人"炮制"出来的应景之作，没有群众的参与和智慧。1997年春季，我开始主持学校的工作，亲自起草了《宜昌市第一中学五年发展规划和十年奋斗目标》，在小范围内讨论了几个月，然后才提交给教职工代表大会，又经过反复讨论修改，充分吸收了方方面面的意见之后才举手通过。这次教代会，被全校教职员工戏称为"宜昌市一中十一届三中全会",不仅是因为它是我校发展史上第一次具有规范的民主形式和真正的民主精神的代表大会,更是凝结新时期办学思想的一次盛会。大会确定了学校素质教育发展方向,对学校 15 年来的发展起到了决定性的作用。我们没有陷进应试教育的泥潭,而是甘愿冒着各种风险,高举素质教育大旗,一路高歌猛进,创造了一个个辉煌业绩!发展目标只要具备上述三个特点,它就是学校发展的一面旗帜,全校师生员工就会自觉聚集在这面旗帜下形成极大的合力向前迈进,其战斗力是非常强大的!

怎样把发展目标一步步转化为现实呢?首先要靠常规工作的开展。可以这样说,常规工作是目标实现的发展史。所谓常规工作,就是周期性运转的相对稳定的日常工作。无论什么性质的单位,常规工作都是管理的主体,至少占管理工作总量的 80％以上,所以抓好了常规工作,一个单位就能比较健康地发展。常规工作追求的基本标准应是规范和高效,而规范和高效必须建立在制度化、标准化基础上。制度管理是保证常规工作健康运转的主要管理手段,可以说没有制度寸步难行,哪个方面缺乏制度那个方面就出现混乱。制度化又是建立在标准化基础上的。谈到标准化,应该引进一个"常模"概念。"常模"是指教育测量中一个相对恒定的标准。例如,整洁应该就是校园卫生的"常模";"快、静、齐"就是课间操的"常模"。制度化的管理就是要把这个相对恒定的标准实现于日常的工作中。常常发现这么一种现象,一个单位乃至一个国家,经常依靠开展大规模的活动或者运动来突击解决一些问题,固然这种情况不可能完全避免,但是经常出现运动管理,肯定为法治国家所不容,为制度健全的学校所不取。制度化管理的价值就在于保证标准化的"常模"不在实际工作中慢慢走样而渐渐降低或者失去标准。当然制度本身也是容易被忽视的,校长应通过及时的调查与反馈,从机制上加以调控,确保制度的严肃性。

　　常规管理固然重要，但是创新才是校长工作的关键着力点。一个高明的校长应该通过调整好管理体制和机制，实现高水平的常规管理，腾出主要精力抓好创新。所谓创新是指完善常规或打破常规的新的治校理念和方法。对于不规范的常规工作进行规范就是创新；对于低水平的常规工作进行改进和提升就是创新；淘汰落后的常规而代之以一种新方法更是创新。如在"三处一室"基础上，组建年级组就是管理体制上的一种创新；以年级制为基础实行层层聘任制就是管理机制上的创新；实施素质教育，打破应试教育的课程体系，建立我校支撑素质教育的"四三制"课程框架就是教育创新；实行德育学分制，进而实行学生综合素质评定，实行"1＋10 阳光工程"就是学生管理工作的创新；进行校产的电子化管理，建立后勤服务的社会化和快速反应机制就是学校总务管理的创新……创新并不总是成功的，但经过实践证明成功了的创新是推动学校发展的车轮，就要用制度把它相对固定下来，而不能让它昙花一现，或者出现前面开荒后面抛荒的现象。一个富有生机与活力的学校，常规工作的周而复始绝不是简单的机械重复，而是一个不断地吸收创新成果，扬弃落后的管理内容，逐渐迈进高层次管理的发展过程，这个过程就是发展目标加速实现的过程。如果说实现规范而高效的常规管理需要校长具有较强的管理能力的话，那么始终不渝地追求创新则是校长最可宝贵的品质，永不故步自封，永葆对新事物的热情，永远尊重一线教职员工的首创精神，勇于实践新的思维，这对于学校的发展至关重要。几十年前，教育家陶行知先生论述第一流的教育家应该具有两个条件，一是敢探未发明的新理，二是敢入未开化的边疆。敢探未发明的新理，那是创造精神；敢入未开化的边疆，即是开辟精神。创造时目光要深；开辟时目光要远。总起来说，创造开辟都要有胆量。在教育界有胆量创造的人即是创造的教育家，有胆量开辟的人即是开辟的教育家，都是第一流的人物。

刚柔相济　张弛有度

　　如果说科学技术是第一生产力，那么管理科学又是第一生产力的第一要素。高层次的管理可以整合一切可资利用的资源，达成最大的发展目标。古人追求的"无为而治""垂拱而治"，那是一种理想的最高管理境界。不可否认，管理因其必须遵循事物发展的规律的特点决定了它具有刚性的要求，对于管理者和被管理者都具有刚性的约束力，否则管理效益就大打折扣，发展目标就难以实现。我国古代汉唐盛世，现今的欧美日诸国，都是成功的法治典范，相反，如果"纲纪废弛"导致从官员到百姓都"无法无天"，那就是败国之象、衰亡之兆。一所学校动辄几千人，社会关联度极大，各种矛盾错综复杂，各种利益纠结在一起，只有科学管理才能化弊为利，实现发展而可持续、竞争而不失和谐的理想境界。

　　学校的刚性管理主要体现在依法治校。首先办学行为必须遵守国家法律法规，其次是严格执行学校制定的一切规章制度。制度管理的好处就在于它的公平公正，不管是谁，不管是什么时间地点，只要制度没变，处理的方法就是一杆秤，简单易行。但是制度制定似乎容易，执行却很难，这是因为制定时对事不对人，而执行时面对的是各色人等，有关系亲疏之分，有地位高低之别，执法者面临严峻的考验。有的管理者政治素质高，照章办事得心应手；有的政治素质低贪赃枉法，闹得民怨沸腾。这个时候校长的作用就凸显出来了：既不为说情者的甜言蜜语而心软，又不为强势者的蛮横言行所干扰，督促相关的管理干部严格执行制度，并把是否能够严格执行制度作为评价一个干部素质的重要标准。总之，维护制度的尊严是刚性管理的必要条件。在学校百多项规章制度中，《宜昌市一中聘任制方案》《宜昌市一中校内津贴调整方案》《宜昌市一中奖励工作条例》等几个最为关键，关系到所有师生员工的切身利益。全校绝大多数人都是这些制度的受益者，他们在为学校作出贡献的同时也发展了自己，实现了自身的价值。当然也有极少数人受到了制度的惩罚，要么被淘汰出局，要么降低了地位和薪酬。当然，再完善的制度也不能包罗万象，校长的言必信、行必果，雷厉风行的性格和作风，不怕硬，不欺软，公道正派的个人品质也是实现刚性管理的必要条件。我在任校长的十几年中，遇到的棘手矛盾不少，有时职务的稳定、人身的安全也受到挑战，但我以公正服人，以情感人，从容地破解各种矛盾，化解各种危机，守住了原则。有人说，老师很不好管理，都是知识分子，扯皮拉筋都在行，我坚决不同意这种说法。真正挑战公正和公平的老师是极少的，这极少数人是没有市场的，"其身正不令而行"，校长公道正派还有谁与你过不去？与一个公道正派的校长过不去，就是与全体师生过不去，就是与自己过不去。校长如果不能坚持原则，根据亲疏远近随心所欲地处理问题，势必造成矛盾缠身，这倒是作茧自缚，给自己过不去了。眼下社会矛盾趋向复杂，群众上访多、群体事件频发，这固然与经济社会的发展密不可分，但也与法制不健全、处理同类问题而用不同尺度密切相关：强势者得到了过多好处，致使遵纪守法的老实人相对吃亏，这就诱使部分国民的劣根性，如耍横、耍赖，抢劫、偷盗，贪得无厌、寡廉鲜耻等恶行暴发出来，给社会造成了不稳定，极大地增加了国家维稳的成本。"以人为本"不仅是先进而且是高尚的理念，但是我们不能忘了：严格执法，确保社会公平公正，严厉打击各种邪恶势力，保障最广大的善良的人民的切身利益，才是"以人为本"的基本保证！而把容忍甚至满足各种无理要求，轻责甚至纵容形形色色的违法违纪活动理解为"以人为本"，那是以恶人为本，那是对广大善良百姓的不公和残忍！我在校长任上 15 年，学校改革与发展是主旋律，稳定与和谐是常态，除了上任伊始解决遗留问题遇到了激烈的矛盾斗争，后面基本上风平浪静，最主要的经验就是坚决地依法治校！

刚性与柔性相辅相成。首先，坚持原则的坚定性与策略的灵活性相结合，这是实现刚性管理的重要方法。刚性管理并不是要搞得人人剑拔弩张，而是要在和谐中发展事业，所以在坚持原则的前提下，根据时间、地点、条件等不同的客观情况的变化，变换不同的解决问题的办法，这是必要的。但要掌握一个度，有的人常常用"原则上是这样，但是……"这个公式来处理问题，这样的"原则上"就是提醒人们不要原则，这样的"灵活性"本质上就是违背原则，现实生活中这个通病严重影响了事业的发展。既要坚持原则，又要避免经常性的硬碰硬，只要制度出台之前尊重民意、集中民智，执行之中多沟通，多对话就不难做到。其次，要真正做到以人为本，营造宽松的生活工作氛围。在竞争激烈的历史背景中，部分人常常处在害怕落聘的惶恐之中，很多老师因此而烦恼、苦闷、焦急。对于这部分人我申明了一个观点：作为一个教师只要做到让学生和家长满意，你就是优秀的，你的工作就是稳定的，你没有必要担心校长对你的看法，因为学生及其家长满意，我这个校长还有什么不满意的呢？教职员工有权利活出自己的尊严，有权利养成或者保持独立的人格，人与人之间的关系越简单越好，搞好本职工作，搞好团结，这就够了！我反复强调：我不愿意听任何人的"小报告"，"君子坦荡荡"，有话明处说，人人好心情，天天好日子，生活多么好！治校十五年，我和同事们一起营造了一个风清气正的小气候，没有拉帮结派，没有钩心斗角，有的是团结奋斗的激情和友谊！

古人言："文武之道，一张一弛。"刚柔相济的管理，健全了竞争机制，确保师生员工向着同一个目标快速迈进，促进事业飞速发展，学校就像一张弓一样拉得满满的，但弓拉得太满会折断，校长要学会调节张弛之度。师生员工健康的权利要保障，竞争不可危害健康；师生的生活应该丰富多彩，应该享受阳光下的歌唱。从厨房到办公室再到教室这种

"三点一线"的生活单调贫乏，会磨掉工作的激情。我校经常举办各种文体活动：每天全体教职员工在课间操时间集体打太极拳；每学期组织几次书画、球类、拔河、演讲等比赛；每年的体育节、艺术节和科技节，师生共同参与；每年组织教职工春游或秋游；每年元旦晚会人人登台表演……学校发展需要强有力的竞争机制，但也不是越强越好，如工资收入应拉开一定差距，但是对于年老病残的教职员工应给予人道主义关怀，让他们分享学校发展的成果，生活得一样有尊严、有品位。

积淀文化　润物无声

有人说，学校应是一个泡菜坛子，不管是什么菜，捞出来都是一个味道，这是对优良的校园文化对人才培养的作用的形象比喻。校园文化指的是学校所具有的特定的精神环境和文化气氛，它包括校园建筑设计、校园景观等物化形态的内容，也包括学校的传统、校风、学风、人际关系、集体舆论等精神状态的内容。健康的校园文化，可以陶冶学生的情操、启迪学生心智，促进学生的全面发展。不管是刚性的管理也好还是柔性的管理也好，管理的痕迹太重，都是没有达到境界的，譬如一个城市到处是警察，结果还出现大量的社会问题，那么这只能说明这个城市与文明相距遥远。欧美很多城市根本看不到警察，但社会秩序依然良好，我们得承认差距。掌管一所学校，最重要最高明的是把有形的管理上升到文化的层面，让校园的空气中都弥漫着一种特有的气氛，对走进校园的任何人都起到浸染的作用，使之文明、高雅，遵规守纪。我治校的十五年，始终把打造文明高雅的校园文化作为追求的重要目标。虽然老校园改造有较大难度，但我总体按照江南园林风格来建设校园，亭台回廊，小桥流水，奇石巧布，处处可观。我尤其重视教育理念文化建设，在我的前任校长提出的校训、学风的基础上，发动教职员工讨论提炼出了

"团结、进取、务实、创新"八字"一中精神"和"全面发展、终身发展"八字办学理念，打出了"上善三江水，大智一中书"，"千年文脉，百年一中"等宣传口号。我注重校史文化建设，从当校长的第一天起，就着手恢复和规范学校档案室，到湖北省档案馆和周边地市区档案馆搜集我校历史资料，于2000年编成我校第一部校史，并于2010年修订重版，将百年一中穿过历史云烟的足迹勾勒出来。分别于2000年和2010年举行九十周年和百年校庆，提升了学校的办学理念，扩大了社会影响。我更注重学校道德文化建设，提出并实践"每一个孩子都是家庭的希望""人人都可成才""没有教不好的学生"等理念，从关心每一个学生的学习、生活和思想开始，从走进学生中的弱势群体的家庭体验他们的生活开始，逐步积淀"朴诚、敦厚、睿智"的道德文化。我们也注重制度文化建设，让一中师生养成遵纪守法的文明素养，使"依法治校"成为共识，上升为文化。严格管理从较强的强迫性到"不令而行"，从必然王国到自由王国，这就是文化的功效。

2011 年 2 月

Chapter 4
第四章

教学研究

一道练习题的商榷

高中语文课本第一册《师说》一课后，有这么一道练习："'之'在古汉语中作为结构助词……但它还有两种特殊的用法：一种是用在主谓关系中，表示这里的主谓结构并不构成独立的句子，而只是句中的一个词组或分句；（这种用法通称为'取消句子的独立性'，以下简称'取独'。——作者）另一种是用在前置宾语和动词之间，表示动词和宾语的倒置。这两种情况下，'之'仍是结构助词，但不能译为'的'……"这两种特殊用法的"之"是不是如上所说"不能译为'的'"呢？我看值得商榷。

先就下面几例看第一种：

"……卒以吾郡之发愤一击，不敢复有株治。"（《五人墓碑记》）

"夫五人之死，去今之墓而葬焉，其为时止十有一月耳。"（《五人墓碑记》）

"文人画士之祸之烈至此哉？"（《病梅馆记》）

这三句话中打着重号的"之"分别取消了"吾郡发愤一击""五人死""文人画士之祸烈"这三个完整的句子的独立性，使它们变成了三个词组而只充当各句的一个成分。可见三个"之"是"取独"无疑。但是教参书上是这样翻译以上三句话的："终于因为我们苏州人民的发愤一击，阉党就不敢再有牵连治罪的事了""这五个人的牺牲，距离现在修墓安葬他们，为时不过十一个月罢了""文人画士所造成的祸害的酷烈，竟到了这个地步啊!"刘见声、彭格人两人合编的《古诗文译注》是这样翻译前两句的："终于因为我们苏州人的发愤给予了一次痛击，（他们）就不敢再牵连捕人了""这五个人的死，离现在为他们修墓并安葬到这里，那时间仅仅有十一个月而已"。比较这两家的译法，有一个共同的特点就是都把"取独"的"之"对译成了"的"。这说明"之"作"取独"用时是可以译为"的"的。

至于"之"的第二种特殊用法能否译为"的"，我们只举一例就足以说明问题：

《五人墓碑记》上有这么一句话："钩党之捕遍于天下……""钩党之捕"显然是"捕钩党"的意思，"钩党"是"捕"的宾语，高中语文课本释之为"逮捕同党的人"，可见其中的"之"是"表示动宾的倒置"。而整个这句话教参书上是这样翻译的："株连同党的搜捕遍于天下"，这同样把这种用法的"之"对译为"的"了。我们难道可以说这种翻译是错误的吗？

其实，这两种特殊用法的"之"并不存在能不能翻译为"的"的问题，因为古汉语中的"取独"与颠倒动宾位置这两种现象早被移植在现代汉语中，而且还相当活跃，"的"也早代替"之"来完成这两个任务了。例如：

"对于他的死，我是很悲痛的。"（毛泽东《纪念白求恩》）

"我的学会了煮饭，就在这时候。"（鲁迅《伤逝》）

"历来还有许多类似的诗文，都可以证明竹瓦在南方的大量出现。"（马南邨《燕山夜话·一块瓦片》）

"它的发现，对探索中国文明的起源和形成提供了重要线索。"（8月

10 日《光明日报》）

"这个原则的应用，可以在各地方，各部门，各单位之间调节人才的
合理流动。"（8 月 10 日《光明日报》）

前三句话中打着重号的"的"不就是起"取独"的作用吗？去掉它，
第一句的"他死"，第二句的"我学会了煮饭"，第三句的"竹瓦在南方
大量出现"就都成了独立的句子；但现在有了它，它们就都变成了词组
分别充当各句的一个成分——"他的死"成了介词宾语，与"对于"一
起成为全句的状语；"我的学会了煮饭"成了全句的主语；"竹瓦在南方
的大量出现"成了动词"证明"的宾语。第四句的"它的发现"和第五
句的"这个原则的应用"实质上是"发现它"和"应用这个原则"的意
思，是"的"颠倒了它们各自的动宾位置。谁能说这种用法的"的"不
同于"之"的第二种特殊用法？

既然现代汉语中本来就存在着"的""取独"和"表示动词和宾语的
倒置"这两种常见现象（只是现代汉语没这样提罢了），那么我们又怎能
说古汉语中同样起这两种作用的"之"不能译为"的"呢？

因此，不论是从古文今译的实际情况，还是从现代汉语的实际存在
来看，上面那道题都是值得商榷的。

（1986 年 12 月《语文教学与研究》）

处理主导与主体之间的关系的几点作法

现在谁也不会怀疑在教学中应以教师为主导、学生为主体这个新观念。但是承认这一点并不等于能处理好主导与主体之间的关系。我觉得如何处理好这一关系是我们教师当前所面临着的一个严肃的课题：既是老师要引导学习的主体——学生来学习，那么就存在着一个老师导不导得动学生、导不导得好学生、学生是否愿意受你导的问题。如学生愿意或乐意受你导，那么他们就能最大限度地发挥出主观能动性，课堂气氛和谐、活跃；反之，则学生没精打采，课堂上死气沉沉，更有甚者，师生之间还可能产生敌对情绪。所以，我认为要处理好主导与主体之间的关系，关键是教师如何提高"导"的艺术。我在这方面做了一点尝试，向大家汇报一下。

首先，我非常重视激发学生的学习兴趣，兴趣是学习的动力之一，而且是最重要的动力之一。如果教学索然无味，引不起学生的兴趣，那么即使学生渴望考取大学这个间接兴趣所产生的动力再大，你也导不动他们；反之，课堂教学引起了学生的浓厚兴趣，使学生在感情上深深地爱上了你的课，那么他们就乐于接受你的引导了，这是老师实施"导"

的基本前提。

那么如何激发学生的兴趣呢？这里我只讲讲我自己两个最基本的做法。我认为语文课要引起学生的兴趣，首先就必须正确理解语文课的性质，然后基于此采取方法。语文课到底是什么性质的课？新大纲的说法是：语文"是学习各门学科必须掌握的基础工具"。从这个意义上讲，语文课应是语言文字课，只要学生的语言文字基本过关了，会写了，这个工具也就掌握了。但是，如果这样理解语文的工具性质，那么语文教学势必走向死胡同。试想：一篇情节生动感人、寓意深刻的小说或一篇文情并茂的散文，你只让学生读懂文句，记住几个生字词，而对作品的艺术特色，思想感情不做分析，怎么会引起学生学习语文的兴趣？应该说，语文课的内涵是十分丰富的，单是文章的体裁就有小说、诗歌、散文等十多种，还有语法、修辞、逻辑等诸多知识，这些构成了一个富丽堂皇的立体建筑。当学生走入其中时，收获应是多方面的：首先那些小说、诗歌、散文等文艺作品所展示的艺术世界会深深地吸引住学生，使他们在这个艺术的世界里受到熏陶、受到感染、受到美的教育，灵魂得到净化，感情得到升华；其次，那些论说文以其严密的逻辑推理，说明文以其科学知识与条理化的说明，又使学生思维变得缜密，视野变得开阔。这样，当学生们走出这个立体建筑时，已经是发生了质变的人了。当然绝不仅仅是多认了几个字，会说几句文绉绉的话的人了，而是具有了一定的社会主义道德情操、健康高尚的审美观和爱国主义精神的人了。如此丰富的语文课，如果我们单把它变成了语言文字课，那是多么大的浪费，学生又是多么不幸！正本于此，我在教学中根据体裁的不同，采取多种教法，如古文课，既解决文字问题，也要欣赏玩味其艺术美；对于小说、诗歌、散文等课文，我重点引导学生欣赏，充分体现出文学的形象性、趣味性等特点，讲解时该庄则庄，该谐则谐，使学生在笑声或叹息中得到艺术享受，受到美的教育。总之，决不搞成干巴巴的语言文字课。这样，较好地抓住了学生的兴趣。

其次，为了激发学生的兴趣，我尽量采用多种教学方法。事实证明，再好的方法，如果老是用，学生也会感到厌倦。正因为这一点，我总是根据不同体裁，不同深度的课文，采用灵活多样的教法。如古文课，按新中国成立后一般的教法是老师讲，学生听，或者改进一点，学生也讲讲，这两种方法我也采用，但绝不止这些。有时一篇古文我只讲几个字或几个句子，主要让学生自己去读；有时一篇古文完全不讲，只要求学生熟读或背诵则可；有时让两个学生向全班讲讲他们自己所认为的重点与难点，并作讲解则可；有时我只讲学生提出的疑问，其余一概不多讲等等。这样，每节课都使学生事先无法知道我会用什么办法，所以学习兴趣既被激发起来又能长久保持。

兴趣有了，学生乐于接受老师的引导了，那么具体如何导法呢？我采用的是启发式的教学方法。基本上有这么几个步骤：首先是精心设计思考题，我是把自己精心设计的思考题作为联系主体与主导之间的关系的桥梁。换句话说，我是用思考题去导动学生的，所以课前设计思考题是我备课中花时间最多的一环。我觉得思考题应抓住每篇课文的重点与难点，而且要由浅入深，环环相扣，角度对，既便于学生思考，又便于回答。而且还要尽量带有兴趣性，要尽量避免提问的随意性。我们都有过这样的体验：有时思考题提出来时，学生面面相觑，即使是最好的学生也不知如何回答，这时不能怪学生，而应反思一下自己的思考题的角度对不对，语言表达是否含糊，有没有让学生思考、回答的价值等等。我在思考题设计好后，上课时就布置给学生，然后学生带着这些问题去看书，寻找答案。这是我的课堂教学的第一步。第二步是学生互相议论，交换意见，准备回答问题，第三步由我来提问，学生回答正确的我加以肯定，不作重复，不对的，则由我来更正，或者再让学生思考讨论；第四步，由我来概括，综合本堂课的知识。所以，我的课堂教学始终围绕着思考题来进行。学生始终处于思考问题、分析问题、争论问题、回答问题的亢奋状态，他们的主观能动性被较充分地发挥出来了。这样，常常出现这样的情形：来自学生的答案动摇了我的答案，或者干脆取代了我的答案；也有时候学生反提出一连串的问题"将"了我的"军"，课堂上解答不出来，只好下节课去回答，这些反映了学生既学到了知识，又提高了能力。

　　总之，我处理主导与主体之间的关系的做法是提高学生的学习兴趣，运用启发式的教学方法，当然，还有些其他的做法，这里只汇报这两点。

（1988 年 2 月《一中教研》）

《夜》与"无定向比较法"

比较教学法，无疑是中学语文教学中一种值得推广的好方法，不少教师在这方面作了许多有益的探讨。但是，迄今所见，这种比较还只限于"定向比较"。所谓定向比较，就是教师指定比较对象，比如《夜》，教师往往指定用《药》来作比较。这固然可以比较好地锻炼学生的思维能力，提高创造性，但是也有弊病。从理论上讲，比较法遵循了"由此及彼"的认识规律，它把学生的思维由一个孤立的小圈圈延伸到另一个更大的空间，属于开放型的创造性的思维活动。如果我们人为地把开放的空间限制在一个狭小的范围内，就如同我国只能向世界某一个地区开放，而不是全方位的开放，其结果是眼界还是打不开；从实际上讲，一篇课文往往不只可同一篇文章比较，它在整体上或某个局部上可同几篇课文比较，如果硬要指定一个比较对象，那就在"为渊驱鱼，为丛驱雀"，不便于培养学生的创造性。

如何解决这个问题？笔者经过几年的探索，总结出了一个无定向的比较法，即学习某篇课文时，让学生从已学过的课文中找出能与之比较的文章进行比较，而不由教师指定比较对象。这比起定向比较，给了学生一个更开阔的思维天地，更能培养他们的创造性，教学中往往会有意外的收获。

比如教学《夜》这篇课文，第一节课我出了这样两个思考题：一、《夜》的结构可同学过的哪些课文进行比较？二、老妇人的心理是如何变化的？她可同学过的哪些文学形象进行比较？在半个多小时的阅读中，学生一方面紧张地阅读《夜》，琢磨其结构特点；另一方面紧张地搜索记忆中的篇目，进行一系列的复杂的思维活动。然后对第一个思考题进行回答，有答《柏林之围》的，有答《智取生辰纲》的，有答《药》的，还有答《百合花》的……这起码有两篇出乎我的意料之外，一是《智取生辰纲》，二是《百合花》，但这些篇目无一不可同《夜》进行比较：《柏林之围》明线写"柏林之围"，暗线写"巴黎之围"；《智取生辰纲》明线写杨志等押送生辰纲，暗线写吴用等智取生辰纲；《药》明线写华家的悲剧，暗线写革命者夏瑜的悲剧，这三篇的结构完全同于《夜》。至于《百合花》，当然成了争论的焦点，有的说它可同《夜》比较，有的说它们之间风马牛不相及，结果，得出了个既同又异的结论。同者，《百合花》的第三部分是明写新媳妇"献被"，暗写小通讯员"献身"，这与《夜》明写老妇人，暗写一对革命夫妇的结构相似；异者，《百》并不是全篇都用暗线写通讯员。这堂课的结果，是学生对高中的几篇双线结构的课文有了全面的了解，弄清了这种结构的基本特点：写两个故事，一个是正面明写，一个是侧面暗写，两条线始终交织在一起。这些都是学生主动思考的结果，记得深，创造性得到了发挥，连老师也大受启发。

第二节课，就第二个思考题继续展开分析比较，学生的答案有夏四奶奶、母亲等等。他们认为：夏四奶奶与老妇人颇为相似，她们的亲骨肉都被反动派杀害，她们都不理解自己的亲人的事业，都有善良、淳朴的性格；不同的是，夏四奶奶始终未能理解自己的儿子，连给儿子上坟时，脸上都流露出"羞愧的颜色"，而老妇人终于因烈士留下的遗物——一张纸条，明白了女儿女婿的"心思"，并把这种理解与对反击派的恨化为了哺育烈士后代的力量。之所以有这种不同，除了主观上的原因，还因为夏四奶奶毕竟生活在辛亥革命前后，而老妇人则生活在无产阶级革命蓬勃兴起的 1927 年前后。至于同母亲相比，则她们的心理都有个从恐惧、怯弱到勇敢、坚定的变化过程：母亲在被暗探发现后，思想有过波动，但最终勇敢地同敌人进行了斗争，宣传了革命真理；老妇人在亲人被捕后，日夜担惊受怕，连外孙儿的姓也想改，但最后她勇敢地喊出了"恨不能为女儿女婿报仇"的声音，并决定按烈士的遗愿，"勇敢地再担负一回母亲的责任"。当然，老妇人毕竟还未走到母亲那一步，还不能说是一个革命战士，这又是她们的不同之处。从夏四奶奶、老妇人，再到母亲，思想觉悟是梯形的。这样一比较，比起定向的单线比较，学生的认识更有立体感、更深刻。

从《夜》的教学可以看出，这种无定向比较，并不是无"向"比较。这个"向"，教师心中必有底，只是要学生自己主动去找罢了。学生所找的"向"，可能在教师所掌握的范围之内，但也可能远远超出这个范围，这较定向思维更具有创造性。且这种比较，开放性强，往往一篇文章，经过几十个脑袋的思考，辐射到多篇文章；由此引出系统性、综合性的结论，尤其适用于高三的语文教学。

当然，无定向比较法，也并不是无条件可用的，那些并无明显特色的课文不宜用，否则学生找不到"向"，这时最好还是用定向比较法。所以，这两种方法，要视具体的课文而决定取舍。

（1989 年 5 月《语文教学与研究》）

常教常新乐此不疲

　　市场术语"疲软"一词颇能说明语文教学中普遍存在的一种现象：一篇课文，即便是脍炙人口的佳作，在反复教学了多遍以后，会感觉不再新鲜，不可避免地产生一种重复的单调与厌倦感。表现在课堂上，就是逐渐失去了先前那种"慷慨激昂的意思"，教学沉闷无趣。

　　笔者从事语文教学 20 年，有两点感触很深。一是一些具有多年教学经验甚至具有较高知名度的教师，讲课缺乏热情与生气，缺乏感染力，以致不受学生欢迎；二是在自己获得了一定的教学经验之后，反而对自己的教学逐渐不满起来，似乎总不如初上讲台那几年教得有声色。记得第一次教诸如《纪念刘和珍君》《为了忘却的纪念》等文章，那是多么动情而富于感染力呀！学生那种有"愤"而"启"，既"悱"而"发"的课堂气氛是多么令人陶醉呀，可现在似乎总是难以找到这种感觉。问同事，许多人都有同感，我曾怀疑这是自己步入中年之故，但读其他新作，仍很容易被拨动心弦，于是我只好将之归结为"疲软"。从理论上讲，这种现象的产生既自然又不可避免。人的兴趣与热情不可能始终固定在一点上。"喜新厌旧"是一种普遍的心理特征。教育心理学告诉我们，安排教学内容必须考虑到一个规律，即"教学内容必须给予学生以某种新知识，学生早已透彻理解的内容，很难激发他们的学习兴趣。"同样的道理，教师对于教了多遍的课文，怎能保持永恒的兴趣呢？

列宁说过，"没有'人的感情'，就从来没有也不可能有对于真理的追求"（《列宁全集》第20卷，人民出版社1958年版，第255页）。科教兴国赋予教师以神圣的使命，而教师长期以"疲软"心态教书育人，其效果可想而知，解决语文教学中的"疲软"，实在是当务之急！

两年多来，我就这个问题做了一些探索，积累了一些体会，愿在这里就商于同行。

第一个体会是，要以研究的态度与眼光从老课文中研究新问题，发现新知识。除了不断地深钻课文本身外，还要通过各种途径去吸收别人的研究成果，以开阔视野，更新知识。真正的佳作，往往是"横看成岭侧成峰，远近高低各不同"，含义十分丰富而深刻。古人言：书读百遍，其义自见。我们教同一篇课文，即使达到10遍20遍，也离百遍的阅读要求远着呢。不断地从多方面去研究它，从多角度去挖掘它，总会有新的发现。只有这样才能不断地找到新感觉，才能常教常新，乐此不疲。例如中学语文课本传统名篇《祝福》一文，前几年对其主题的探讨比较活跃。在这之前，中学语文界往往只简单地把祥林嫂的死归罪于鲁四老爷，削弱了小说主题的含义。于是终于有人打破沉寂提出异议：鲁四老爷作为统治阶级的代表人物固然罪责难逃，但其他人何尝没有责任？假如祥林嫂在贺家坳遭受了丧夫失子的惨痛打击之后，那位"大伯"如果不为了收回房子而赶走她，让她有一隅栖身之地，会不会一定发生后来的悲剧？又假如鲁镇的人在"咀嚼赏鉴"了祥林嫂的"故事"之后对她施加一点同情心，真诚地鼓励她振作起来，她会不会精神崩溃得那样快？

应该说，鲁迅先生这篇小说是对"吃人"的封建礼教与整个封建社会的血泪控诉，祥林嫂身边几乎所有的人既是封建礼教不同程度的受害者，又对祥林嫂的死负有直接或间接的责任……这些新见解一扫多年思想认识的桎梏，令人耳目一新，精神自来矣！不断地去发现和吸收这些新知识、新见解，无疑给教学提供了新"能源"。

相反，如果我们只满足于一孔之见，固执于一家之言，甚至流于教书匠式的敷衍打发学生，那当然就像炒现饭一样，越炒越乏味。

第二个体会是，以创造的眼光不断探求新的教学方法。有的老师视新的教学方法为"花拳绣腿"而不屑一顾，长期只用一两种教学方法去对付各种题材的文章，其结果往往是学者无味，教者无趣。

教育学常识告诉我们，激发学生的兴趣，除了教学内容要新鲜之外，还要采用灵活多样的而不是呆板单一的教学方法。针对不同体裁、题材的课文，针对一届届学生的实际情况，设计出种种富有创造性的教案，就像工程师设计新颖别致的建设蓝图一样，在设计与实施过程中都是十分兴奋的，有时甚至为自己的得意之作而激动得热血沸腾。教师，尤其是老教师的活力就应该在这里。例如对古典文学作品，应该根据认识规律，把知识性与趣味性结合起来，采取诸如诵读、背诵、串讲、点拨、讨论、口头或书面翻译等多种方法，综合运用，让学生感觉到自已是学习的主人，而不是被动地做一个容器。如果只用一种串讲法，千篇一律，哪能有活跃的课堂气氛？创造性劳动是解决"疲软"的永恒的药方。创造性劳动要以丰富的感情为基础，同时也能激发劳动者的感情。被创造性的教学活动所激发出来的感情从教师的口中、表情中自然地流淌出来，在学生心中产生共鸣，这又是一种极好的审美教育，是教师在每堂课送给学生的一份礼物。相反，教学方法呆板，缺乏激情，这对语文教学是一种极大的戕害。总之，教学是一门艺术，艺术需要创造，创造性的教学活动具有永恒的魅力。

说到底，治"疲软"的方法只有一个字——新。

1992 年 11 月 20 日

如此点拨，已落窠臼

　　《中学语文教学》2000 年第 2 期刊发了王茂明先生的《点拨法的精髓及课堂运作》和附件《〈梅花岭记〉点拨教学实录》（以下简称"实录"）两文，认真拜读之后，疑惑颇多，甚至失望：如此点拨，已落窠臼。

　　通观百年来的母语教学，少慢差费，"误尽苍生"之类的诟病，并非危言耸听；核心的问题，并不在语文性质的界定，而主要在于"读"与"讲"这对矛盾的把握。我国最传统的母语教学，以"口诵心惟"为主，即通过诵读、涵泳达到领悟的目标。"五四"以后的现代母语教学转向以"讲"为主，尤其是新中国成立以后，搬进了凯洛夫教育学和"《红领巾》教学法"，语文教学演变为"讲学"。百年之内母语教学反差如此之大：艰深难读的文言文以学生自学为主，通俗易懂的白话文却以老师讲解为主，这就是母语教学悲剧的根源！近 20 年来，为匡救解析教法的失误，围绕启发式这一母课题，一批语文教学的专家逐步探索出了"导学法"和"点拨法"等新的教学方法，应该说这都是值得肯定的创新教育行动。

　　点拨教学法的理论已经比较成熟，创始人蔡澄清先生在多篇文章中对其宗旨作了充分的阐述："点拨教学是根据教学现代化的要求，针对语文教学中的时弊提出来的。"(《语文教学与研究》1999 年第 1 期)"'点拨法'是贯彻和落实启发式的一种教学方法，它是针对注入式和满堂灌提出来的。""所谓'点拨'，就是教师针对学生学习过程中存在的知识障碍、思维障碍与心理障碍，运用画龙点睛和排除故障的方法，启发学生开动脑筋，自己进行思考和研究，寻找解决问题的途径与方法，通过听、说、读、写的实践与练习，以达到掌握知识，发展智力和培养能力的目的。所谓'点'，就是点要害，抓重点；所谓'拨'，就是拨疑难，排障碍。""它主张'当点则点，当拨则拨'，教师要'相机诱导，适时点拨'，不能独霸课堂，一讲到底；也不能搞僵化程式，搞教学八股，而要因材施教，灵活点拨，这才是调动学生学习积极性的科学措施。"(《中学语文教学》2000 年第 2 期)归纳这几段话的意思，一是点拨法是对立于注入式和满堂灌的一种新教法，根本目的是变"讲堂"为"学堂"，变"学会"为"会学"。二是点拨要精，点则画龙点睛，点铁成金，拨则拨疑解难，即学生力所不能及者，而不可滥点滥拨。三是点拨要活，因材施教，适时行动，而不可生硬僵化。"精"与"活"是点拨教学运作的核心内容，是实现点拨教学法所探索的遵循母语教学规律，还学生以主体地位的宗旨的关键所在。只有点拨得精，才可能避免繁琐的讲析；只有点拨得活，才可能避免程式化的俗套。唯其如此，语文界对点拨教学法投注了足够的热情，期望着它给语文教学带来生机，改善已令人生厌的语文教学现状。

　　然而，反观《实录》与以上旨趣并不相符。首先，《实录》点拨的内容太多太滥：导入性点拨 1 个，整体性点拨 3 个，重难点点拨 13 个（正音 5 字和解释 8 字各只计 1 个），终结性点拨 3 个，迁移性点拨 1 个，共有 21 个问题之多，45 分钟之内点拨 21 个问题，必定是满堂问，是满堂灌的另一翻版。况且仅有 530 个字（未计标点），3 分钟朗读完，真正的生字词只有一个无关紧要的人名"肇"字（《实录》正音的 5 字几乎都不是生字词）的《梅花岭记》，对于重点中学的高二学生来说，就有那么多的疑难问题和"龙睛"吗？当然不会。如导入性点拨请同学们列举民族英雄人物这一问，属小学语文或历史课的问题，在高二点拨课堂来用，除了活跃一下课堂气氛，还有什么"点拨"的价值？又如终结性点拨三个问题：①记叙、抒情和议论相结合的写作特点；②今天学习这篇文章有什么意义；③如何具体落实这种精神。第一个问题已是在小学就被讲厌了的知识点，第二和第三个问题也是小学生爱国主义教育的基本内容，据我的经验，即使是在程式化的讲析课堂上，也一般不会出现这种低能级的内容，何况是主张"当点则点，当拨则拨"的点拨教学？此外，像整体性点拨中的关于文章结构与内容的点拨，也可说是没有多大必要的，因为四个自然段的文章，记叙与议论清清楚楚，对高二学生构不成疑难，也无龙睛可点。《梅花岭记》真正值得点拨的地方集中在第四自然段，即如何理解作者对于"神仙诡诞之说"和"冒其未死之名者"的态度以及这两者同史可法的浩然"正气"之间的关系，大约设计3至5个问题即可。

其次，《实录》的点拨已落入新的程式化俗套之中，僵化而不灵活。王老师总结和实践的点拨教学课堂运作五步骤，从形式到内容，几乎等同于一般程式化讲析教学：所谓"导入性点拨"就是平常教学的导入；"整体性点拨"就是平常教学的分析文章结构、内容（包括中心思想）；"重难点点拨"就是平常教学的提示或分析重要知识点和解决局部疑难问题；"终结性点拨"就是平常教学的总结重要的写作特点和思想意义；"迁移性点拨"则是平常教学的布置练习。如果每篇课文都固定进行五步点拨，每一步又以满堂问的形式来进行，这与点拨教学的旨趣相去甚远！而且21个点拨的问题显然是事先设计好的，并不是课堂教学中的"相机诱导，适时点拨"的产物。虽然我们不能没有课前对问题的精心设计，但点拨教学更看重的是课中的随机应变，否则学生仍然被拉进教师设计的套子中打转，逃不出如来的手心，哪来的"自动""自得"和"发现真理"？

第三，《实录》开宗明义指出，《梅花岭记》是一篇课外自读课文，但纵观其教学过程，其程式化程度与课内讲读课文有何差别？21 个问题已让学生应接不暇，哪来时间自读？读者完全可以这样设想：如果这不是一篇课外自读课文，点拨的内容又将如何扩展？

综上所述，《实录》不是一个成功的点拨教学范例。新的程式化代替旧的程式化，面面俱到的满堂问代替面面俱到的满堂灌，实质上已落俗套。我们应该反省：语文教学的各种改革都会不会在新一轨道兜了几圈之后又回到旧路而不自觉呢？

（2000 年 7 月《语文教学与研究》）

莫将基础经念歪

"基础"的本义是指建筑物的根脚和柱石。万丈高楼平地起，平地以下支撑这万丈高楼的基础当然要打得非常深厚才行，不然就有可能发生"基础不牢，地动山摇"的灾祸！"基础"的比喻义是"事物的根基"，根基深厚当然也是好事。

在教育教学的理论与实践中，"基础"也是一个出现频率颇高的概念。中小学教育称之为基础教育；基础知识的学习、基本技能的训练、学习习惯的养成和学习方法掌握是学习的基础；热爱祖国、遵守纪律、诚实守信、礼貌待人是做人的基础。正因为如此，国家将基础教育作为整个教育工作的重点。

基础的重要性自不待言，打好基础无可厚非。然而在基础教育领域，个别学校和老师却借加强基础之名，行应试教育之实。其典型特征就是加班加点，时间加汗水。上课满堂灌，老师讲，学生听；训练大题量，高强度，机械重复；考试频繁，考必排队，搞得学生身心俱疲，苦不堪言。由于学生处于一种被动的学习状态，因而学习效率低下。即便是应试，在高考的内容和形式不断改革的今天，效果也好不到哪里去。此种现象，实在是将加强"基础"的经念歪了。

加强基础和培养创新能力是一种相辅相成的关系。从人的整个教育过程来看，加强基础不是目的，目的应该是培养创新能力。人的生命的长度是有限的，求学阶段的时间和精力更是有限的，即使是"凿壁偷光""头悬梁，锥刺股"也不可能把时间和精力变成无限。如何在有限的时间内让学生学到更有用的东西，是每一个负责任的教育工作者必须面对的问题。重"基础"而轻创新，只顾眼前的考试成绩而忽视学生长远的发展，显然是舍本逐末。有道是"生命有涯，学无止境"，这个"境"字，应当含有"创新"的意思。

基础学习主要还是一种继承性的向后看的学习，始终向后看的结果，有可能使学生失去向前看的习惯和能力。教育的根本价值是使人与社会都获得发展，促进人类不断前进。打好一定的学习基础是为了开拓未来，继承的目的在于发展。如果继承成了目的本身，学习基础知识成了学习生活的全部，导致创新精神窒息，那么这样的学习不但无益，反而有害！

与冯恩洪校长在一起

据说美国学生连简单的加减法都要用计算器，他们的"基础"薄得让我们顿生优越感，哪里比得上我们的学生学得扎实！可人家的基础虽然"薄"但创新能力并不弱，而我们的学生"基础"虽然深厚但创新能力却不强，这在一定程度上说明了"基础"并非越深厚越好。其实这个道理也很简单。建筑师建造任何一项建筑物，在资金一定的情况下，只会根据建筑物自身安全的需要来打基础，决不会无限制地加深加厚，否则就是浪费。

削弱了基础，根基不牢，势必会制约学生的发展；过于强调基础，耗尽了学生的时间和精力，同样也会影响学生的发展。基础的深与浅，厚与薄，全在于"度"的把握。

（2006 年 4 月《湖北教育—高中生学习》卷首语）

Chapter 5
第五章

教育人生

学会做人

一、论题提出的背景

我曾经以"学会做人，学会学习，学会生存"为题作了一次专题讲座，今天再次提出"学会做人"，是有着特定背景的。如果我先提出这种观点："学会做人是学生主要的学习目的"，大家恐怕会马上提出疑义：我发奋苦读考大学，难道主要就是为了学会做人？这本应是十分肯定的问题，但现在却还有疑惑，这是我要进行今天讲座的第一个背景。第二，我校德育教育常感棘手的是经常出现的各种违纪现象、不文明的行为，都属于做人的范畴，这是我以此为题的第二个背景。如何做人，做一个怎样的人，决定了一个人的前途和命运。在我们平时的闲谈中，如果出现了这样的议论："×××不会为人"，那么这个×××恐怕就有些不妙；如果大家议论"这个人简直不是一个人"，那就等于宣布了"这个人"的"死刑"。由此可以看出，在社会学中，对"人"的价值判断是何等鲜明而客观。"做人"又是何等重要！这是我以此为题的第三个背景。

二、教育的本质在于育人，古今中外，概莫能外

对于我提出这个论题有疑问的同学，是基于这样的一个认识：我当学生，就是为了学知识，俗话说，"学好数理化，走遍天下都不怕"嘛！

不错，这话有一定的道理，但这只是学习的一个目的之一，而不是最根本的目的，或者说，学知识也可归于"学做人"的范畴。古今中外，一切伟大的政治家和教育家都把做人教育放在第一位。孔子一生从事教育，其教学内容在《论语·述而篇第七》中有记载："子以四教：文、行、忠、信"，这几乎都是说做人的品行问题，他一生孜孜以求的是要培养施行"仁政"的政治家，以改变春秋时期"礼崩乐坏"的纷争局面。他的名言"三人行，必有我师焉；择其善者而从之，其不善者而改之"，正是反映了他对于修身养德境界的不懈追求。他还说："如有周公之才之美，使骄且吝，其余不足观也已"，这也反映了他对德与才的辩证认识：如果无德（俗话说"缺德"），再有才华也不值得称道。

法国的启蒙思想家卢梭说："不管学生将来入何等职业，先使他成为一个人。"德国哲学家马克思·舍勒说："在一切价值系列中，人格价值为最高价值。"伟大的无产阶级革命导师列宁也说："没有人的情感就从来没有也不可能有人对于真理的追求。"我国现代伟大的教育家陶行知先生说："千教万教，教人求真；千学万学，学会做人。"联合国教科文组织也对工业社会、信息社会所带来的人性退化表示忧虑。在《学会生存》一书中明确指出，"教育应该宣布一个人道性质的最终目的，从而采取步骤，防止生存逐渐失去人性的危险"，教育应该使学生"学会热爱这个世界并使这个世界充满人情味"。这些都说明，不管是什么社会，教育都是以人为本，以育人为根本宗旨，企图只学知识而舍弃道德情感教育，那只会导致教育的异化，全世界都应防止而且正在防止出现这种异化，我国的大学现普遍重视人文科学，就是为了补回这一课。

三、"学会做人"要从点滴做起

"做人"两个字内容极广，包括知、情、意、行，德、智、体、美诸方面，其中以德为最基本最关键的要素。做人应具有正直、善良、勇敢、坚强、守信等品质，如果没有这种品质，再有才也没人欣赏，无人敢用。

李白豪言"天生我材必有用",而我们却痛心疾首地看到,古今中外,天生我才却是常无人用。"冯唐易老,李广难封""多情应笑我早生华发""凭谁问,廉颇老矣,尚能饭否"……同学们所熟悉的诸多感叹,应当在政治清明,同奔四个现代化的今天成为鞭策自己的警句。

当前,我们的中学生首先应从日常的行为规范做起,从自觉塑造一中学生形象做起。我国制定了《中学生日常行为规范》和《中学生守则》,对学生提出了一些基本要求。为了实现所规定的目标,我校制订了许多配套措施,如干部交叉检查制度、班级值周制、周一升国旗讲评等。今天,在全校师生的共同努力下,我校连续多年被评为湖北省文明单位,省园林式学校,宜昌市红旗单位、文明单位,花园式学校……成为宜昌市教育战线的文明窗口。但是,我们也应看到,有那么不到1%的同学,文明素质很差,与一中学生形象相差甚远,甚至损坏了一中形象。如在尊师、卫生、爱护公物等方面存在的问题还相当严重。

日常行为规范的问题虽不能说就是一个品质问题,但是一切外在行为无一不是内在品质的外化,还是反映品质的。我们不少同学到过西方国家,其所见所闻很多都使我们这些背负五千年文明史的华夏儿女愧疚。世俗的眼光,贫富分贵贱,但这种观念即使在资本主义国家都受到坚决的唾弃。应该说,人的贵贱在于品质的高低,连2000多年前的庄子都说:"势为天子,未必贵也;穷为匹夫,未必贱也;贵贱之分,在行之美恶。"同学们应自觉在日常生活中养成良好习惯,自觉地远离卑俗,铸造高贵的灵魂。

第二,我们应从参加学校所提供的一些活动中锻炼自己做人的能力。一个人仅有德还是不够的,古人所说的"君子之智",就是强调有品行的人也要具有智慧和技能。目前,我校开设了各种活动课和学科第二课堂30多种之多,每年有体育节、科技节、艺术节,可以说,学校在尽可能利用一切条件来为同学们综合素质的提高创造平台。同学们应该积极参加各种活动，不要辜负了这么好的学习环境。市场经济需要的是复合型人才，交叉式知识结构，拒绝书呆子。中国人有一个传统的鄙视"书生"的观念，所谓"书生之见"，就是迂腐之谈的代名词，这个观念还是有其先进性的。今年中共中央国务院召开了全国教育工作会议，以素质教育为主题，就是要培养具有实践能力和创造能力的新型人才。我一中学生应该站高一点，看远一点，在学好功课的前提下，多参加第二课堂活动，并利用假期参加社会实践活动，这对于成才具有十分重要的意义。

1999 年 12 月 6 日

读书与人生

　　我们为什么都想读书？对于这个看似十分简单的问题，同学们的回答也许各有千秋。是为了上大学吗？不错，但不能算是圆满的回答；是为了将来找到一份好工作吗？不错，但也不能算是圆满的回答……让自己能在好的环境里获得全面发展和为终身发展打下良好的基础，这才是"标准答案"。

　　人的发展为什么要走全面发展的路子？这是因为人类通过对自身发展史的研究发现了一个规律：只有全面发展的人才更有创造力，而创造力正是人类发展动力的不竭之源。人的"全面发展"涵盖哪些内容？迄今为止人类对这个问题的认识一般定格在德、智、体、美四个方面，每一个方面又具有十分丰富的内容。知识是人类进步的阶梯，对于智育发展，同学们会孜孜以求；身体是生存发展的本钱，对于体育的发展，同学们也会不遗余力；美育可陶冶情操，同学们对美育的发展也有着潜在的热情。相对于这三个方面，德育是最受同学们重视和欢迎的，原因是大家看到德育对于自身发展的现实意义。古今中外的教育理论都把德育放在人生发展的首位！

　　人类为什么把德育放在人生发展的首位？人类共同的理想是追求自

由美好的生活，只有品质高尚的人才可能追求并实现这一理想，品质低下的人只会对这一理想构成破坏。中国伟大的教育家陶行知说："千教万教，教人求真；千学万学，学做真人"；法国著名作家孔巴兹说："教育学应该是精神生态学，未来的学校应该是培育灵魂，锻炼精神，优化情感，使学生成为热爱世界的主人"；伟大的科学家爱因斯坦在评价居里夫人时说："第一流的人物对于时代和历史进程的意义，在其道德品质方面，也许比单纯的才智成就还要大……"从这些大师们的话中，我们可以强烈地体会到人类对道德的无限向往和追求！

我们认为读书更重要的原因是"为了终身发展"：人为什么要实现终身发展？人类自从进入工业尤其是信息社会之后，科技与社会的发展以加速度进行，用"一日千里"来形容毫不过分，我们现在掌握的知识都不能一劳永逸地解决一生的问题，只有不断地学习才能使自己免遭淘汰。从广义的人生价值来说，人的发展既然是教育的价值所在，当然也是生活的意义所在，只有终身发展，才有终身的幸福。

如何实现全面发展和终身发展？根据公民道德的要求，培养自己的德行；刻苦学习文化知识，培养终身学习的习惯与能力；积极参加各种社团和实践活动，充分利用校内外一切可资利用的教育资源，提高自己的综合素质，张扬自己的个性……这就是实现全面发展、终身发展的途径。

火热的高中生活是人生最精彩的片断之一。创造建立在不断发展基础上的快乐人生是我们共同的愿望！

（2006 年 12 月《湖北招生考试》卷首语）

守望我们的精神家园

——写在第二十个教师节之际

　　第 20 个教师节悄然来临。从 1985 年到 2004 年，从朝气蓬勃到霜雪染鬓，春夏秋冬，草木枯荣，我们的精神家园还是那么温馨吗？

　　我们的精神家园是生命的青绿色。踏着朝霞我们迎来的是洋溢着无限青春活力的张张笑脸，浴着晚霞我们欣赏的是在操场上呼喊奔跑的健美身影；我们听到的不是朗朗的读书声就是嘹亮的歌声，想着的甚至连梦着的也是如何让那些鲜活的生命迸发出无限的活力以创造生命的辉煌。永远和青年人在一起，我们还会老吗？

　　我们的精神家园博大而充实。20 年间，一届届学生在我们注视的目光中走向五湖四海，有的成了政治家，有的成了科学家，有的成了军事家，有的成了文学家，有的成了实业家……世界有多大他们的足迹就有多远，人类发展水平有多高他们领跑的速度就有多快，世界有了他们而变得无比精彩！遨游太空的"神舟五号"，横锁大江的三峡大坝，异军突起的信息技术，生命密码的基因图谱……这一切都是烛光化成的熊熊大火，是教师智慧的无限延伸和扩大，这就是我们精神家园里体现生命全部价值的永远熠熠生辉的镇家之宝啊！

生活之树常青，我们怎能停止精神家园的营造？

教师理想的精神生活应该是充满激情和创造力的。在中华民族和平崛起的火红岁月里，不能设想缺乏竞争、发展迟缓的环境是如何酝酿出"白了少年头，空悲切"的泪水，那种"万马齐暗究可哀"的局面又是如何销蚀英雄豪气！有竞争才有活力，有挑战才有激情。端掉铁饭碗，羊也变成狼；应试教育转为素质教育，平庸也变得卓越。发展是硬道理，改革是主旋律。教师应伴着自己的学生一同成长，一同发展，在成长和发展的过程中充分地沐浴那七彩阳光，展现生命的魅力、个性的风采，而不仅仅是蜡炬下的灰烬、夕阳下的老牛……是人才就不能不追求这样一种意境！

教师理想的精神生活又应是宽松、自由、充满温情的。教师是人类灵魂的工程师，工程师的灵魂又应具备什么特质、怎样去塑造呢？以仁爱为底色的广阔视野、开阔的胸襟、纯真的情怀、渊博的知识，都是孵化新的灵魂不可或缺的条件。

让我们的老师更有尊严感吧，如果他们既敬业又有较高的技能，那就让他们既有事业的成就感又有职业的稳定感，如果让失业的阴影始终跟随，愁云惨雾之心怎能去催开祖国的花朵？

让我们的老师更自主一点吧，因为他们要不断地更新知识，要匠心独运设计出最有创造价值的教案，如果用太死板的管理占去了他们全部的时间与空间，他们就可能失去创造的热情和希望！

让我们老师的生活更丰富一点吧，因为他们面对的是一个个快乐的天使，太需要热情和活力了，在校园各种体艺活动中也应该有他们的身影。如果仅有一个应试教育，学生的处境固然可悲，可老师要在厨房——办公室——教室这三点一线的苍白乏味的日子里度过一辈子，说是残忍毫不为过：生命的花朵过早地枯萎了！

以人为本，让我们的精神家园更富有时代精神！

（2004 年 9 月 12 日《宜昌日报》）

蓝天白云看西陵

要说说西陵，真还有些难。握笔半日，脑子突然蹦出了这两句诗："不识庐山真面目，只缘身在此山中"——大概是融入其中爱得太深的缘故吧。

二十五年前的早春二月，一个穿着打了补丁的旧军裤、脚穿一双黄球鞋的瘦瘦的青年从宜昌火车站走了下来。站在西陵一路的路口，他举目四望——从武汉乘火车十七个小时才到达的遥远的宜昌，他将要在此地安身立命的陌生的宜昌，是一个什么样子呢？沿着西陵一路笔直往前走，到东门右转弯走到北门外正街，右行几十米，接近西陵二路，来到了一中的大门前。他从容地走了进去。从此，二十五年再没有走出来。

从西陵一路走向西陵二路，又常从西陵二路走向西陵一路。"西陵"两个字他在古书上早就见到过，对这个城市也就有了似曾相识的感觉。"才步武昌又宜昌，宜昌很少见太阳"，他与一同分到一中的好友的戏谑联句，道出了他对宜昌雨濛濛的感受。不过品味西陵还是从人开始的。到菜市场闲逛、到电影院散心，他明显感觉宜昌人格外善良纯朴，对他的外乡口音特别包容和欢迎。那一声声儿化音很浓的"干猫儿啊"（干什么啊）、"是猫儿啊"（什么啊），对于听惯了武汉"个板板"的硬邦邦的口音的他来说，格外动听而有韵味，特别是从女同志口中发出来，让他感觉到一种祥和的氛围，甚至是使人陶醉的生活情调！

"宜昌人很有气质"！是什么文化浸染了宜昌人们的生活，陶铸了西陵人的性格？在墨池巷，他第一次知道了中国文学史上大名鼎鼎的晋代人郭璞在这条街上注解过《尔雅》。在惊奇之余，他设身处地一遍遍思考：偏僻的西陵是以一种什么魅力把这位大学者吸引在这里？在尚书巷，他又得知这里在明朝时居然出过一位尚书。人杰地灵呢！念着毕业时同学写在他本子上的"残雪压枝犹有橘，冻雷惊笋欲抽芽"，想象着当年欧阳修生活在这里的情境，他不禁肃然起敬起来。

在古书上常见到的"西陵"仅仅是一个地名吗？它分明还是一个文化符号！它不仅是宜昌城的发源地、城市中心、政治中心，更是文化中心，巴楚文化在这里汇集，屈子昭君风骚余韵在这里延绵，宜昌魂就附着在它的躯体里！古老的墨池巷和尚书巷盘桓过郭璞、苏轼等无数骚人墨客，今天的西陵辖区更是文脉绵长，仅是新世纪的七年，这里的学校就为宜昌捧回了占全市百分之八十以上的全国数理化生、信息技术、体育、科技发明创新等各类奥赛、锦标赛金牌，输送了占城区近百分之七十的清华北大学生！

"腹有诗书气自华"。宜昌人吐纳着巴楚大地的浩然正气，襟袖间飘逸着骚人的遗风，举手投足，尽显风流！

西陵的文化源远流长，西陵的教育蓝天白云！他为当年的选择而自豪。

（2007 年 9 月 4 日《三峡晚报·名人看西陵》）

以大智大勇大爱走向教育新天地

——学习科学发展观的一点体会

中共中央提出的科学发展观是坚持以人为本，全面、协调、可持续的发展观。这对于教育发展具有极为现实和深远的历史意义。毋庸讳言，教育离人民群众满意的要求还相差甚远，社会对教育的诟病还是相当尖锐的。教育受批判最多而且最要害的问题是，不讲科学，用最原始的"时间加汗水"的方法，陷在应试教育的泥潭里不能走向素质教育之路，圈养"死读书、读书死"的书呆子。

人类为什么崇拜科学？最原始的原因是科学解放人类体力而大幅度提高劳动效率。比如从挑水到使用辘轳运水，再到使用自来水，人类不断创造科学的运水方法，节省了人力。自从现代自然科学产生以来，人类逐步摆脱了繁重的体力劳动，享受了科学带来的幸福生活，越来越轻松和休闲。但是我国的教育却反其道而行之，越来越依赖于时间和汗水。据统计，全国绝大多数普通高中学校都用 900 多天的时间去完成国家规定的 600 多天完成的高中学习任务，至于每天长达 15 个小时以上（很多学校学习 18 个小时以上）的学习时间完成堆积如山的作业，更是无法统计其学习的强度。而与此形成鲜明对照的是，学校购置的诸如电脑、多媒体、纸质及电子图书、实验仪器等提高教学效率的教学设备却是日新月异，研究生学历的教师比例是越来越高，这应该都具备了教育"科学发展"的基本条件了，可是教育为什么恰恰走上了一条反科学的道路呢？这里面有很复杂的原因，很多人责怪高考制度，甚至有的责怪社会制度，但我要说根本的内因是"利益驱动"，主要的外因是管理不力！所以，作为一个教育工作者，当前贯彻教育科学发展观，必须具备大智、大勇、大爱！

大智慧是贯彻教育科学发展观的前提

教育的"大智慧"是什么？首先应是用科学发展观去正确领悟教育最基本的价值。马克思主义教育理论之永恒主题是促进人的全面发展，教育的基本价值就在这里。人的全面发展最基本的内涵是，德、智、体、美几方面都得到发展，缺少任何一个方面，人的发展就不完全；只有全面发展，才有可能协调发展，才更有可能实现可持续性的终身发展。那种片面追求升学率的搞法，忽视德育，抛弃体育，漠视美育；仅抓智育，又只抓高考科目丢弃非高考科目，这种"剥笋教育"，与促进人的全面发展的教育宗旨背道而驰，其结果是使教育异化，肢解了人的全面发展。其次，能够掌握教育发展的客观规律。以促进人的全面发展为宗旨的教育，其发展是具有客观规律的，人类经过几千年的探索，已经总结出了诸如全面发展规律、循序渐进规律、自主学习规律、理论与实践相结合的规律等等。作为教育工作者只能遵循这些规律，运用这些规律，而不能随意违背乃至肆意践踏这些规律。第三，在当前升学率成为教育无法绕过去的门槛的背景下，具有实施素质教育却能比应试教育获得更高升学率的智慧。这看似不可能，在有限的时间之内，素质教育需要开设看似与高考无关或者说于高考"无用"的科目，其升学率怎么可能高过一门心思只抓高考科目、丢掉所有"无关""无用"的科目的应试教育？但回答是肯定的，其"奥秘"是：狠抓德育就是给学生提供了克难奋进的学习动力，狠抓体育就是给学生提供了刻苦学习的体力，抓好美育就是给学生注入生活和学习的激情，开设各种选修课提高了学生自主学习的能力，开阔了学生的视野——这一切难道不是提高升学率的必要条件吗？相反，缺少了这一些条件，升学率能提高吗？当然，这是从一般规律性而言，从学校内部管理特色而言，通过机制调节，提高学校管理效率和教学效率至关重要；通过提高教师素质，提高教学中的科研含量，促进学生有效学习，去掉无效学习或有害学习尤为关键。事实证明，用恰到好处的教学时间和强度，完全可以胜过粗放型的时间加汗水蛮干的高考升学率。

大勇气是贯彻教育科学发展观的关键

勇气，浩然之气，正大之气，是人类的精神。无论做什么事，首先要有勇气。有了勇气，才敢于做事；有了勇气，在遭受挫折和困难的时刻才能保持坚强的意志和旺盛的斗志，才能最终战胜困难和挫折，到达成功的彼岸。常言道"勇者无敌"，就是这个道理。早在 1999 年，中共中央国务院就作出了实施素质教育的历史性决定，这一次又提出了科学发展观，进一步从理论上阐明了实施素质教育的必然性。应该说教育界的绝大多数是能够理解党和国家的意图、素质教育的意义的。之所以理解归理解，实际不行动，根本原因在于缺乏勇气。害怕什么？害怕实施素质教育降低了升学率，丢掉了学校和个人的既得利益。现在是我们拿出勇气来的时候了！人类每前进一步，都是靠攻克一个个难关、攀登一座座高峰而实现的，素质教育就是横在我们面前的一座大山，就看我们有没有勇气去攀登，攀登上去了，教育就前进了一步，攀登不上去，教育就在山这边的沼泽里越陷越深，成为阻碍中华崛起、延迟人类进步的消极因素。当前，我们可以从最基本的东西做起，按照国家课程计划，开齐课程，开足课时，还德育、体育、美育以应有的地位，把学生过重的学业负担减轻一些。然后在此基础上，开设一些校本课程，让学生拥有选修课，学会自主学习。做到了这两点，也就接近了素质教育的基本要求。素质教育的基本要求也就是：全面发展，四育并举，让每一个学生都能享受作为一个"人"的发展待遇；全体发展，让每一个学生都抬起头走路，都有人生希望；自主发展，让每一个学生学会替自己做主。这三个要求其实是正常的教育最基本的东西，绝不是高不可攀的境界。其实实施素质教育早已不是"吃螃蟹"的问题，很多杰出的教育家已经为此付出了艰辛的努力，探索出了许多宝贵的经验，他们的勇气值得我们好好学习。那些畏葸不前的人应该拿出一点勇气来，才不愧为人民教师的称号！

大爱心是贯彻教育科学发展观的基础

没有爱就没有教育，爱是人类尤其是教育不懈追求的人生真谛。但是爱有真假之分、大小之别。教育的许多悲剧都是以爱的名义酿成的。应试教育就是在爱的旗帜下大行其道的："我一心一意抓升学率，把更多的学生送到大学，这难道不是爱的最高表现吗？"于是在爱的旗帜下，可以剥夺学生德育、体育、美育发展的机会；在爱的旗帜下，可以逼学生早晨四、五点钟起床，晚上十二点钟不能睡觉或"分段睡觉"（晚上三睡三起完成作业），让他们过着夏衍笔下的"包身工"一样的生活；在爱的旗帜下，可以随意处罚甚至侮辱学业成绩不佳的学生，剥夺其做人的基本尊严；甚至在学生不堪学习压力跳楼自杀之后，我们还可以挥舞"我都是为了他好"这面大旗把不人道的教育罪过遮掩得严严实实！可是，这真的是爱吗？你不觉得这种爱标榜得十分虚伪吗？不错，你若让学生全面发展地走进大学之门，这在竞争激烈的时代是功德无量的，可是你为什么要把学生像剥笋一样剥得除了分数其他一无所有的送进大学呢？你明明知道这样送他们上大学等于把他们送进了失业大军之中，等于彻底葬送了他们的家长望子成龙、望女成凤的希望，等于使广大百姓读书致贫了！如今大学生不如农民工的悲叹不绝于耳，我们却无动于衷，丝毫不反思我们培养人的方式方法该不该承担一定的责任，这是爱学生还是爱自己的官帽、爱自己的奖金或晋升？

以人为本是科学发展观的核心，大爱是教育以人为本的核心内涵。大爱是指跳出个人和学校利益本位、超越眼前的急功近利而着眼于学生一辈子的发展和幸福的一种广博而崇高的爱。从横向来讲，教育工作者固然要热爱学校、热爱师生，但更要爱国家、爱社会、爱人民。学校乃至整个教育，承担着科教兴国的庄严使命，国家从民族的振兴与和平崛起的战略高度，作出了实施素质教育的重大决策，我们这些搞教育的人就应该义无反顾地去执行、去探索，而绝不应该死抱个人和小团体的利益消极抵抗国家之大政方针，即使是局部利益同整体利益在一定的时间内存在一点矛盾，也应该服从国家整体利益的需要，相对于民族振兴、国家崛起的伟大事业，个人利益和局部利益又算得了什么？更何况实施素质教育不仅不一定要付出多么高的代价，还极有可能提高学校办学品位和社会声望；从纵向来讲，在基础教育阶段学生求教于学校，是在为一生的发展奠基，我们给他们开设什么课程，如何教学这些课程，就如同给孩子提供什么食品、如何提供食品将决定他们长出怎样的身体一样，决定他们将来的能力、性格乃至命运。我们是为学生的将来而教书育人，学生的未来系于教育，良好的综合素质是未来成功的基础，而全面开设的课程结构又是良好的综合素质产生的土壤。我们怎能忍心牺牲德、体、美育和高考不直接涉及的教学内容，去片面追求升学率，从而剥夺他们将来赖以生存和发展的综合素质？我们又怎能忍心用杀鸡取卵的手段，逼迫他们以百米冲刺的速度开始人生的万里长跑，导致他们的未来夭折、过早谢幕？

据首份《中国状元职场状况调查》表明，1977 年到 2006 年的 30 年全国各省状元全军覆没，没有发现一个在从政、经商、做学问等方面的杰出人才。课题组通过核查"2007 中国高校杰出校友排行榜"的杰出人才发现，在"杰出企业家"中没有一位是高考状元；在学术领域，中国两院院士、长江学者和长江学者成就奖获奖人等专家名单，均没有高考状元，同样在"杰出政治家"中也没有高考状元。中国已经获取世界数、理、化、生奥林匹克竞赛金牌不知多少了，不少学校都把这些金牌作为炫耀的资本，但没有一个学校敢于披露这些金牌选手职场上的表现，因为他们同高考状元一样"泯然众人矣"！全国各省高考状元和世界奥林匹克学科竞赛金牌选手无疑都是智力超群的人，如果当初对他们施以正常的教育，让他们全面发展，让他们具备与智商相匹配的情商和身体，他们中的绝大部分毫无疑问将会成为同类中的佼佼者乃至民族的脊梁，他们应该拥有轰轰烈烈的辉煌人生，但现在我们却让他们人生最辉煌最精彩的时间定格在获得状元和金牌这一瞬间，从此默默无闻！这是个人的悲哀还是国家的不幸？他们是不是某些学校捞取荣誉的牺牲品？不管主观上出于怎样的动机，培养出这样的人所付出的"爱"与我所提倡的"大爱"风马牛不相及！把这种爱斥为"毒品"毫不过分！当然我们并不是一味贬斥"状元"，因为不论怎样设计高考，总有人获得第一名，这是自然现象，无法回避，并且用先进的理念和科学的方法培养出高考"状元"应该是学校的骄傲。我们的意思是说，不应该以牺牲优秀学生的前途为代价用非正常的手段去制造"状元"，来牟取学校或个人的利益。在对待"状元"这个问题上，"大爱"教育应该做到这一步：当发现一个智力超群的学生学习非常之刻苦，有可能获得高考"状元"，而其他方面却是低能儿的时候，教师应该想方设法引导他去参加各种文体和社团活动，促使他全面发展，即使因此而失去考"状元"的机会也在所不惜！

背着一百多年被动挨打的耻辱的中华民族正处在崛起的前夜。梁启超先生在上个世纪初的名言——"少年智则国智，少年富则国富，少年强则国强，少年独立则国独立，少年自由则国自由，少年进步则国进步，少年胜于欧洲，则国胜于欧洲，少年雄于地球，则国雄于地球"——至今还撞击着我们的心胸。教育战线的同仁们，应该具有这样的大智大勇大爱，培养出能够雄于地球的少年来，支撑我们伟大的祖国恢复乃至超越汉唐的雄风。我们万不可因为无知、怯弱和狭隘培养出万千个"孔乙己"来窒息民族的生机和希望。我们需要大智引路、大勇开路、大爱铺路，走向教育的新天地！

（2009 年 5 月在宜昌市首届校长论坛上演讲，

2009 年 11 月 29 日发表于《湖北日报》）

Chapter 6
第六章

教育书话

阅读名著，陶冶心灵

　　教育部指定的高中生必读名著 20 部，自然采撷的是古今中外各种文学体裁的珍品，为中学生素质构成所不可缺乏者，其价值自不用赘述。单就最高教育行政机关指定中学生必读书目这件事而言，就很令人欣慰。不可否认，现代自然科学日新月异地发展，给人类带来了空前的进步与繁荣，但也必须承认，它也带来了非常可怕的人类感情的荒漠化，人性的异化。语文课应担当起丰富人类情感、承传真善美的使命。但较长时间以来，其重视语言，轻视文学；重视思想教育，轻视情操陶冶；重视讲习，轻视自学的形象本身就有点不太美，留下许多遗憾也就不可避免了。所以，教育部这一举措的意义，足以让我们为之欢呼！

　　这本《导读》问世的意义全在于一个"导"字上。盖中学生读书，限于人生阅历，驾驭名著尚嫌功力不够，须凭借一定的引导方可登堂入室。按照欣赏心理的发展顺序，本书每部名著的导读分"作者简介""写作背景""作品梗概""思想艺术特色""精彩片段赏析""思考与练习"等六个部分，引导学生由表入里，由课内到课外，读出味儿来，读出痴劲、迷劲来。倘能如此，则此书的作者们就非常高兴，我也就沾光不少了。

我相信，富有灵性的中学生们翻开这部书，眼前将会展现出一个色彩斑斓的新天地，而留在心底的将是丰富而不是苍白的情感世界，作用于未来的将是多姿多彩的人生。

2001 年 3 月 28 日

（湖北少年儿童出版社《中学生名著导读》序言）

研究中学习乃素质教育的题中之意

　　研究性学习作为一门必修课，在我校实施时间并不长，但全校师生所表现出来的热情无疑证明了它的生命力。这本书选录的部分学生作品，水平还没有达到理想的境界，但它关注自然、关注社会、关注人生的鲜活的内容无疑又诠释了这门课的价值——教育要真正承担起兴国的使命，就必须走出象牙塔，同生活全面接轨。

　　谁说学生只是接受知识的容器？谁说学生缺乏研究性学习的兴趣和能力？这本书可以提供证明：只要我们解放思想，给学生提供必要的时间和空间，给予一定的指导，我们的学生就会具有巨大的创造力，在研究性学习活动中涉猎非常宽广的领域，获得我们意想不到的成果。在市场经济条件下，生活是丰富多彩的，面向生活的研究性学习必然也是丰富多彩的。充满生机与活力的学习活动，才能培养创造力，这正是素质教育核心的价值取向。

　　编辑这本书，不仅是为了总结我们开展研究性学习的阶段性成果，更是为了给同学们提供研究性学习的范例，以便于我们今后在更深更广的层面上开展研究性学习活动。由于时间仓促，可能本书还存在不少的错讹，也供大家研究与批评。　　　　　　（《研究性学习论文集》前言）

学习的不是知识而是方法

　　科技兴国战略的实施，赋予教育以神圣的使命，不断地提高教育质量，给国家、民族、个人的发展提供源源不断的强大动力，这是教育改革永恒的主题。在不断地总结我国传统的教育经验，并借鉴西方优秀的教育成果的基础上，"研究性学习"这一新课程诞生了，这是我国教育发展史上的一件大事、新事，毫无疑问将给正从应试教育转轨于素质教育的社会主义教育事业带来全新的理念和模式，促进教育提升档次，实现质的飞跃发展。

　　"研究性学习"作为一门课程而存在，把学习方法作为主要学习对象，这是它有别于其他课程的基本特征，所以掌握研究性学习的方法无疑是这门课的重要目的。但是要掌握这一学习方法必须有所依托，仅仅是每周安排一次课是远远不够的，必须渗透于必修课与选修课乃至活动课等所有课程学习的过程中，渗透于所有的师生教与学的全部过程中，也就是说，我们一切的教与学的活动都必须用"研究性"的方法来进行，那种以传授知识为主要目的，以灌输为主要形式的传统的教学，必须来一次革命！

　　"研究性学习"虽然有许多方法或技巧，但它一点也不神秘，本书就提供了不少成功的范例。"研究性学习"不应是自然科学的专利，高中所有的学科都是开展"研究性学习"的主阵地；它不应是少数学习拔尖生的专利，所有的学生都是研究性学习的实践者、创新者；它也不应是少数杰出教师的专利，任何一个教师都是研究性学习的指导者和参与者。我们学校文化基础深厚，富有开拓精神，应该在充分学习别人的经验的基础上，创造出富有一中特色的实施研究性学习的经验来。

这本书将给我校已实施五年的素质教育带来新的突破，借此向辛勤编写此书的老师们致以谢忱！

2002 年 8 月 24 日

（《研究性学习指南》序言，其为宜昌市一中校本课程）

生活之树常青，文学之花常开

这几年，我校校园文学突然活跃和繁荣起来，一大批作品在全国一些报纸杂志上发表，或在全国性作文大赛活动中获奖，不少颇有影响的纯文学刊物不断向我校索稿，我们的校园文学刊物《前茅》越来越受到人们的关注。出现这种喜人的局面，绝非偶然，令人深思。

语文教学走向开放是关键。语文教学传统的程式化和讲授化，扼杀了学生的思想与灵性，生动活泼的语文教学激发学生的灵感与创造欲。这几年所进行的"情境教学法"试验、"双促双发"试验，衍生出了课本剧、阅读与朗诵、生活与周记等多种以学生为主体的教学形式，使语文从面目可憎到面目可亲、可爱，使学生欣然从平凡的生活走向了生活化的文学殿堂，领略到了文学赐予人生的美感、情趣和智慧。翻开这本集子，扑面而来的是学生对自然、人生的深情体味与感悟，美好的畅想与追求。毫无疑问她会深深地打动你。

"问渠那得清如许，为有源头活水来。"素质教育是前提。紧张严谨的第一课堂、丰富多彩的第二课堂，精彩纷呈的科技节、体育节、艺术节，校园生活的百花园深深吸引着学生，为他们的创作提供了丰富的蜜源；学校腾出了大量的时间与空间，使他们得以投身广阔的社会生活的怀抱，徜徉于书山文海，为创作锤炼了智慧，更酝酿了足够的感情。阅读这本集子，你会惊异于学生涉猎之广、领悟之深，以至于我们会发出这样的感慨：这些东西是怎样鼓捣出来的！对这类问题的回答既复杂又简单：你需要研究蜜蜂是怎样酿出蜜来的吗？你只要给它提供足够的蜜源就够了！生活是创作的源泉，生活之树常青，文学之花常开不败。那种把学生封闭于教室、封闭于校园，成天埋头于书本，永远是做不完的作业的苍白生活，不可能产生鲜活的校园文学！

借本集付梓的机会，向辛勤耕耘、富有创新精神的学校语文教师和编者表示感谢，并寄语同学们：不断追求并不断创造生活的美吧！

2002 年 12 月

（作家出版社 —中学生文学作品集《颖》序言）

著书立说，争做教育家型的教师

　　振兴民族的希望在教育，振兴教育的希望在教师，建设一支怎样的教师队伍关系到国家的前途和命运。

　　"师者，传道受业解惑也"，古人对教师这一社会功能的定位应该说还是比较准确的，但是传什么道，授什么业，解什么惑，如何传道授业解惑，古往今来不一样，同为师者也各有不同。这种差异虽是百花齐放的教坛所必需，但花有良莠品种的差别，师有高低素质的不同，我们的国家和民族在进入 21 世纪，全面建设小康社会的历史性时刻对现代化的高素质教师的呼唤，更使人民教师感到双肩上的历史分量。

　　孔子是一代宗师，其德其才，高山景行，万世师表。然圣人一生"述而不作"，后人只能从其弟子追忆所编成的《论语》一书而想见其为人，无不引为憾事。

　　我校倡导做教育家型的教师，鼓励著述已有多年，果然有一批教师在教学之余，奋力笔耕，踊跃投稿，陆陆续续在一些重要的刊物上发表了一批颇有分量的文章，匠心见诸纸墨，智慧传于后人，真是令人欣喜！教师是人类灵魂的"工程师"，应该而且必须较其他意义的工程师更富有创造力，在教育教学的全程中无不闪耀着智慧的灵光，不断地把这些稍纵即逝的灵光用文字记录、整理出来，启迪同行，提升自己，这是人民教师义不容辞的责任！

科技的不断发展，促使产业的不断升级；教育这个产业也在不断地从加班加点的粗放模式向低投入高产出的集约模式转变，科研兴教、科研兴校是实现这一转变的必由之路。科研兴教、科研兴校的基本含义是要通过提高教师的科研素质来提高教育过程的科技含量，从而提高整个教育的素质，培养高素质的人才。我们是这样不懈努力的，我们还将不断地求索，以求达到更高的境界。值此首批代表性的文章结集付梓之际，表示祝贺！

向编者表示感谢！

2002 年 11 月 9 日

（作家出版社 一中教师论文集《杏坛集》序言）

考试话人生

　　中国自从隋文帝废除九品中正制，创造出用分科考试的方式选拔人才，考试制度已延续一千多年。这一制度在受到古今中外推崇和赞美的同时，也饱受诟病。透过纷纭复杂的争论我们看到的却是一个横亘古今的事实，这就是几乎全世界都不约而同地选择了考试选拔人才制度！中国在20世纪的六七十年代曾废除高考十年，用类似于"九品中正制"的举荐方式取代了考试制度，结果造成中华民族的人才荒和社会发展的大倒退，最后又不得不恢复高考制度。从1977年至今，高考制度造就了千千万万的人才，支撑了中华崛起的大业。我们可以下这样的结论：考试选拔人才制度，古人没有错，今人也没有错，未来若干个世纪恐怕也还离不开这个制度。如果有错，那只能是考试的内容和形式。1905年被废除了的科举考试，其考试的内容只限于"四书五经"，形式又限于"八股"，禁锢了学子的思维，窒息了人才的创造力，这就直接导致了中华民族的被动挨打。但即便是这样的科举考试也为国家培养了大量的极有智慧的人才！如果科举考试能够与时俱进，内容上既考文史也考自然科学，形式上也开放一些，那么我敢断言，中国绝不是现在的中国！东方的文明也绝不止现在的地位！只要考试的内容是促进人和社会不断发展的鲜活的东西，形式上活泼开放能激活人的思维和潜能，那么这样的考试只能是人类明智的必然选择！

持续了33年的高考一直处在变革调整之中。在内容上不仅是紧跟而且希望引领时代潮流，形式上也是想尽一切办法开放灵活一些，应该说高考制度的设计者们竭尽全力了。但是，我们必须充分认识到，任何考试制度都有局限性，这不以人的意志为转移！如果说文化知识还姑且可用编制几张试卷组织两三天考试来完成考核的话，那么道德情操、审美情趣、意志与体质等的考核就没有那么简单了。这些个东西伴随在每一个人行走于世的每一个脚步、每一个驿站、每一个微妙的心理活动、每一个重大或一般性的抉择之中，两至三天的考试你怎么为它编制试卷？

主要针对文化知识的高考相对于德智体美全面发展的丰富多彩的人生是何等狭窄！假如我们万千青少年学生急功近利到考什么学什么，那是多么可怕的情景！高考固然重要，但相对于人生的全面发展和终身发展它就没那么重要了。没有上大学的青少年占绝大多数，他们难道就没有辉煌快乐的人生？读了大学的青少年难道一定都高人一等？考大学是为人生的发展服务的，它不是人生的目的，不是人生的终点，它仅仅是一个比较高的起点。大学生失业、啃老的现象，大学生不如农民工的社会舆论都在说明一个真理：人生一辈子都在考试，大学毕业之后，还要接受社会大学的考试，你的工作能力每天都要接受考验，你的身体，你的仪表，你的情趣，你的一言一行，一举手一投足都在接受人们的评判（"评头论足"即此谓也），一次不合格，两项不合规范，都可能使你的人生蒙上阴影。这样的考试伴随人的一生，这比起一次高考，不仅内容深刻得多，全面得多，而且考试方法复杂得多，灵活得多，还更客观得多。

人生在考试中逐步走向辉煌。一次高考只是人生万千考试中非常重大的一次，而不能够代替所有的考试。中小学生既要应对高考，更要为一生的考试奠基。全面发展方能终身发展，追求德智体美全面发展才是唯一明智的选择。仅仅是搞一点文化学习，仅仅是学习一点高考科目，弃德、残智、病体、废美，就像剥笋一样层层刮皮，一次考试成功导致一生的考试失败，只能留下苍白可怕的人生！

大考人生，一生的期待！

2010 年 2 月 3 日

（2010 年 10 月《湖北招生考试》卷首语）

文章千古事

人类自古以来对于文章是十分重视的，认为它是开启民智、推动历史发展的不竭动力。《易》曰："鼓天下之动者存乎辞。"意思是鼓动天下的魅力就存在于文章之中。三国时曹丕在《典论·论文》中尝言："盖文章，经国之大业，不朽之盛事。"南北朝时期的刘勰在其不朽的著作《文心雕龙》中说："至若夫子继圣，独秀前哲，熔钧六经，必金声而玉振；雕琢性情，组织辞令，木铎启而千里应，席珍流而万世响，写天地之辉光，晓生民之耳目矣。"这更是系统地总结了文章，尤其是孔子的言论开启中华民族智慧之光的历史性贡献。杜甫也有言："文章千古事，得失寸心知"。可以说，人类的历史就是一部对文章不懈追求的历史。春秋时期鲁国人叔孙豹说过这么一句话："大上有立德，其次有立功，其次有立言，虽久不废，此之谓不朽。"从此，立德、立功、立言这"三不朽论"就成为了中国士大夫毕生追求的目标。有副著名楹联——"五百年间气，三不朽伟人"值得玩味。

学校是继承文化遗产，开启民生智慧的地方。我们的学校木铎金声千载，弦歌不绝百年，追求现代科学，继承传统文化；语文教学始终以人文为先，追求道德的完善，审美的升华，意志的锤炼，智慧的催生，千般好事集于一文：致力于提高同学们的写作水平。每周有周记，间周命题文，积极参加"新概念""圣陶杯"等作文大赛，连连获奖的同时，学生习作频频见诸全国几十个报刊，发端于《前茅》，传播于全国，此乃我校一盛事、一美事、一大亮色也！

文章之美在于情感发乎自然，文辞斟酌巧妙。《文心雕龙》云："志足而言文，情信而辞巧，乃含章之玉牒，秉文之金科矣。"青年学子要深入社会实践，丰富人生阅历，广读诗书，以此获得真知灼见，酝酿真情实感，写出人生篇篇绚丽的诗章。

科学与人文，如同鸟之两翼。现代自然科学的功用不言而喻，古老的人文精神容易被冲击而矮化，这是人类面临的一大挑战。青年学子要两翼齐飞，方可成就人生大事，避免沦为"半边人"。文章是永恒的追求！

2010 年 3 月 13 日

（2010 年一中文学刊物《前茅》卷首语）

雄风骄子宜昌来

十年树木，百年树人。

宜昌一中从 1910 年诞生于荆楚大地，至今正好 100 周年。百年一中"树人"知多少？有三万学子走出了一中大门，云散于全国乃至世界各地。历经百年沧桑，穿过历史的风烟，频遭战争的淬炼，十几次的校名更换和校址变更，筚路蓝缕，一路迤逦走来，坚定而洒脱。是什么精神支撑着这所学校不屈不挠写下了这么辉煌的历史？爱国主义精神是一中历史的基因，是流淌于一中人身上的血液！很难想象，没有这样一个坚强的精神支柱，波谲云诡的百年历史风烟不会将它湮灭！一中人的爱国主义精神，不是一个抽象的东西，而是实实在在的点点滴滴的行动。在日寇的铁蹄踏进了宜昌大地的险恶背景下，一中人毅然将校址搬到鄂西恩施山区，坚持将学校办了下来，绝不让它中途倒下，保证了夷陵大地千年文脉的延续；在应试教育铺天盖地扭曲了教育宗旨的非正常环境中，一中人坚守办学理念，坚定不移地贯彻党的教育方针，义无反顾地实施素质教育，绝不让教育发生异化，保证了宜昌教育正确的发展方向。"全面发展，终身发展"的先进理念，"没有教不好的学生""每一个孩子都是家庭的希望""教好一个学生富裕一个家庭，教好所有的学生强大我们的祖国"的强大信念，促使一中超越急功近利，着眼于长远，着眼于未来，着眼于人民的福祉，着眼于国家的强盛。

王安石在《游褒禅山记》中深有感触地说："夫夷以近，则游者众；险以远，则至者少。而世之奇伟、瑰怪、非常之观，常在於险远，而人之所罕至焉，故非有志者不能至也。"同样是学校，办学目标和境界却有高下之分，甚而至于有天壤之别。课程之于学生人生的成长，如同食物之于身体的生长。不考虑先天的基因和后天锻炼的因素，一般情况下给身体供给什么食物就生长出怎样的身体，丰厚食物滋养强壮的身体，粗劣食物滋养羸弱身躯；按照国家课程标准开齐课程，开足课时，就培养出德智体美全面发展、综合素质高的创新型人才，而抛弃德育，放弃体育和美育，仅抓高考科目而丢掉非高考科目的"应试教育"，开设的课程残缺不全，则只能培养出心智不全的低能儿。宜昌一中提供给学生的课程是丰富多彩的，"四三"式课程框架——必修课、选修课、活动课三张课表，体育节、科技节、艺术节三大节，《宜昌市一中报》《一中教研》、文学刊物《前茅》三报刊，宜昌一中网、宜昌一中电视台、宜昌一中广播台三平台——构成了一中面向现代化、面向世界、面向未来的素质教育基本载体。吃着这样的营养套餐长大的一中学子，成为国家的栋梁之才应该是顺理成章的事！诚然，素质教育"险以远"，而"世之奇伟、瑰怪、非常之观"——杰出的人才就只能在这样的教育模式中产生。没有对祖国和人民深沉的爱和高度的责任感，宜昌一中很可能就在"夷以近""游者众"的"应试教育"泥沼中"泯然众人矣"！

名校之"名"系于校友之"名"。从一中走出的三万校友事迹难以遍考，本书仅收录了44名优秀校友和4名革命烈士的事迹，以为宜昌一中100周年校庆的纪念。他们中有36届校友、中国著名物理海洋学家、中科院院士文圣常，51届校友、核物理学家、中国工程院院士潘垣，53届校友、中国首席天文学家、原中科院北京天文台台长李启斌，59届校友、原北京中科力爆炸技术工程公司总工程师、入选《夷陵国宝》的周家汉，72届校友、现某集团军少将政委岳世鑫，84届校友，深圳怡化电脑有限公司董事长彭彤，88届校友、长江学者、2006年中国青年五四奖章获得者、中国科学院生物物理研究所所长徐涛，92届校友、盛大CEO谭群钊等。无疑他们是校友中的翘楚，是一中人的骄傲，是社会的栋梁！

本书作者杨兴政先生是我校59届校友，武汉大学毕业后长期在新华社工作。先生学养深厚，著述颇丰，而对母校一片赤子之情更是感人肺腑！2000年一中90周年校庆时，先生以抱病之躯毅然挺身而出，筹建宜昌一中北京校友分会，收集北京优秀校友的事迹写成《楚天骄子》一书，献给母校。十年过去了，无情的癌细胞不断吞噬着他的生命，放疗、化疗把他折磨得痛苦不堪，先生不仅没有倒下，而且他的生命之火因这一片爱校的激情燃烧得更加灿烂！他以极大热情和毅力，收集海内外一中学子的优秀典型事迹，历经五载，写成了这部著作，在今年100周年校庆前夕，付梓面世。这将成为百年一中最值得欣慰最引以为自豪的文化遗产！还有什么比这更能体现百年名校的价值呢？在这里，我要向杨先生表示崇高的敬意！

是什么力量吸引着云散海内外的一中校友，在一中百年庆典的日子里投入母校的怀抱？就是这份如同杨兴政先生一样的拳拳爱校之情！这份情将激励着一中人继往开来，去创造更加辉煌的新百年！

（2010年9月新华出版社《雄风骄子宜昌来》序言）

昨天，今天，明天

孔子说："逝者如斯夫，不舍昼夜！"诚如斯言，2000 年我校举行首次建校庆典，编成我校第一部校史，转眼间过去了十年。2008 年开始筹备百年校庆事宜，启动了对校史的修改和完善工作。沿着一中发展的轨迹，校史编写成员的足迹遍及全省荆门、武汉、恩施等地。他们广泛地搜集史料，获得了一批十分珍贵的历史档案，终于写成这部史书。

千年文脉，百年一中。一中的历史很悠久，犹如历史隧道中的一盏明灯，把古老的宜昌从洪荒引向文明。东晋著名学者郭璞卜居夷陵注解《尔雅》，夷陵人爱其才，建墨池书院以纪念之；北宋欧阳修贬官夷陵勤政爱民，夷陵人敬其节，建六一书院以纪念之。两书院两名人，吸引了包括"三苏"父子等在内的无数文人墨客到夷陵大地游历，演绎风骚，传递文明。两大书院时分时合，最后以墨池书院之名传至清末，在废科举兴学堂的历史条件下，凤凰涅槃，衍生出宜昌大地第一所官办中学——宜昌府中学堂。100 年来，从宜昌府中学堂到宜昌市第一中学，数易其名；从墨池巷到教军场，数迁其址，历尽沧桑，几欲陨灭，然而不仅弦歌未绝，而且愈挫愈奋，愈奋愈强，保存了千年文脉，形成了光荣传统，积累了不屈不挠为国培育英才的一中精神。秉承屈子的风骚，昭君的风韵，郭璞和欧阳修的风骨，宜昌的山山水水似乎有着一种特殊的风雅情调，宜昌的儿女更是有着一种引人入胜的蕴藉风流的气质——这或许就是宜昌市第一中学永不泯灭的价值之所在。

以史为镜是修这本校史的根本出发点。曾经在世界上最为先进的科举制度，给国家带来了繁荣，也给民族带来了耻辱，湮灭在了历史的风烟中，留给了我们无限的叹息。从西方引进的教育制度，如果从张之洞的"癸卯学制"算起，扎根中国已有106年的时间。百多年来，新的教育制度给国家给民族无疑带来了福音，开发了民智，增强了国力，积累了很多宝贵的文化遗产。纵观一中百年办学历史，健康的教育就是坚持德、智、体、美全面发展的教育，违背了这个基本规律，教育就要走弯路，学生就要遭殃，国家就要遭受损失。通读这部校史，我们发现一个现象：很多我们自认为是"创新"的东西，我们的前人早就做过了，而且比现在还做得好！倒是有一点让我们痛心：前人对德、智、体、美全面发展这一教育规律的坚持比我们做得好得多！诚然我们也创造了许多新的办学经验，但是危害甚烈的应试教育却让当代教育永远蒙羞！还有那么多人，包括一部分干部和知识分子，在国家作出了以纠应试教育之偏为基本出发点的实施素质教育的决定12年后的今天，仍然极力诋毁素质教育，沉迷应试教育，这本身就是教育的悲哀：我们的教育居然培养出了这样低素质的人——身为国家工作人员，既不服从国家意志，又蒙昧至看不到应试教育对青少年、对国家造成的巨大危害！科举制度为什么失败？一是它是选拔性的考试而不是以提高大众综合素质为目的的考试；二是学习内容仅是儒家经典，而缺乏自然科学；三是只有课堂文化学习而没有社会实践锻炼，更没有体育课程，这就使中国的读书人只限于少数人，而这少数人又是科盲，而且通常是迂腐不通世事、身体佝偻残弱的科盲！这就无怪乎英帝国主义在我们的海岸线上架几门大炮就可以让清政府屈服了！现代的应试教育除了学习内容增加了自然科学，使之有别于科举制度，其他两项弊端何尝不是同样存在！要让我国和平崛起，这样的应试教育能行吗？它能培养出胜于欧美的青少年来吗？古人云："天作孽，犹可违；自作孽，不可活"。我们不能自作孽，危害青少年的身心健康，危害国家的未来，我们应该排除一切干扰，从历史经验中不断吸收养料，端正办学方向，规范教育行为，坚定不移地实施素质教育，这就是重修校史的根本目的所在。适逢《国家中长期教育改革和发展规划纲要》颁布实施之际，广大教育工作者对我国将在 2020 年基本实现教育现代化的光明前景充满期待，本史的问世，更具有了现实意义！

一中百年历史，中国 40 年的战火烽烟，历史虽未中断，史料却是残缺不全。感谢张爱华老师，在前部校史的基础上，细致搜集史料，按照真实可读的要求，耗费两年宝贵时间写成了这部史书。感谢我们的老校友柳定祥老师，严谨地审查史稿，提出了很多建设性的意见。追念黎昌经老师，在他离世之前完成了宜昌一中第一部校史，使我们大家知道今年纪念建校一百周年！

前一百年的历史，景贤造士，三万学子强我中华；后一百年的未来，木铎金声，莘莘学子创造新世界。但愿国运长久昌隆，宜昌一中永远辉煌！

（2010 年 9 月三峡电子音像出版社《校史》序言）

Chapter 7
第七章

校长说

给学生一个舞台，给教育一个出路

——宜昌市第一中学首届艺术节开幕词

各位领导、各位来宾、老师们、同学们：

我校具有深远意义的首届艺术节，经过大家几个月来的艰苦努力，今天，胜利开幕了！首先，请让我代表学校党政部门，向艺术节的胜利开幕表示热烈的祝贺，向热心支持教育、深切关注我校发展的各位领导和各位来宾表示衷心的感谢！

在这个庄严而热烈的开幕式上我想谈一点想法，即重点中学发展素质教育，不仅应该，而且可能。我们在座诸位，毫无疑问都深爱着我们的祖国，祖国选择了科教兴国的战略，赋予了教育振兴伟大的中华民族的历史使命，但是，怎样的教育才承担得起这个历史使命，而不辜负祖国母亲的希望呢？不是应试教育，而是素质教育！大家都清楚，我国在"九五"期间，要实行两个根本性转变，一是经济体制从传统的计划经济体制向社会主义市场经济体制转变，二是经济增长方式从粗放型向集约型转变。这两个转变是四个现代化实现的关键，它们都与教育有着十分密切的关系，尤其是经济体制的转变对人才素质提出了完全不同于计划经济的要求：市场经济促使所有的企业从以前的襁褓中走出来，投入无情的市场竞争中；促使个人丢掉大锅饭，铁饭碗，去选择自己的生活道路。没有竞争的精神，企业倒闭；没有竞争的能力，个人倒霉。教育必须适应这种转变，培养不仅能够适应而且支撑市场经济发展的新型人才。这种人才是开拓进取型人才，是富有个性和独立精神的人才，是创造型人才。这种人才与应试教育无缘，是素质教育的产物。所以，素质教育不是某个人的心血来潮，而是科教兴国战略的选择，是市场经济的必然选择。60 年代，在苏联人早于美国 83 天发射世界上第一颗人造地球卫星之后，美国上下一片惊慌。经过十年争吵，最后把太空研究落后的根本原因归结为美国的学校教育落后，终于在 1967 年，哈佛大学确定了一个具有深远意义的研究课题，这就是"零点项目"，研究美国人艺术素质相对低下是如何导致空间技术落后的。这不也给我们以很大的启示吗？

2008 年 6 月 2 日，与奥运火炬手、护跑手合影

原国家教委副主任柳斌同志语重心长地讲了这样一番话："面向 21世纪，基础教育的紧迫任务应该是走向素质教育。要从现在起步，走向素质教育。对于基础教育来讲，走向素质教育是一项大政。也可以说，提高国民素质是在 21 世纪即将到来之时，在 960 万平方公里土地上，在

拥有 13 亿人口的中国的一项大政。如果讲大事，这是头等大事；如果讲重要，这是重中之重；如果讲紧迫性，这是当务之急。走向素质教育，这是经济发展、富国强民的需要，这是精神文明建设繁荣昌盛的需要，这是社会稳定，长治久安的需要，这也是在激烈的世界竞争中，不会被开除'球籍'，永远立于先进民族之林的需要。""如果我们的教育从现在起能够走向素质教育，则国家幸甚，民族幸甚。"

我们一中是一所具有光荣传统的学校，我们应该积极而稳妥地推行素质教育，而且我们有能力实施素质教育。今天的艺术节是素质教育的一个重要载体，是我校推行素质教育的一颗信号弹，它反映了全校师生员工推行素质教育的决心和信心。

老师们、同学们，我衷心希望大家努力提高自己的素质，积极参加从今以后每年一次的艺术节，充分展露自己的个性、自己的特长、自己的青春风采！真正把自己锻炼成为一个多才多艺的人，一个富有情感和情趣的人，一个永远朝气蓬勃的人，一个开拓进取富有创造力的人。大家如果通过艺术的熏陶，都成为了这样的人，则一中幸甚！宜昌幸甚！

最后，预祝我校首届艺术节取得圆满成功！

1997 年 11 月

90后，任重道远

——在纪念五四运动 90 周年暨成人宣誓仪式上的讲话

尊敬的李市长和各位来宾，老师们、同学们：

你们好！

今天我们在一中美丽的校园隆重集会，开展以成人宣誓仪式为主要形式的系列活动纪念伟大的五四运动 90 周年。

90 年前的 1 月 18 日，在巴黎召开世界"和平会议"。中国代表团以战胜国身份参加和会，提出取消列强在华的各项特权，取消日本帝国主义与袁世凯订立的"二十一条"不平等条约，归还大战期间日本从德国手中夺去的山东各项权利等要求。巴黎和会在帝国主义列强操纵下，不但拒绝中国的要求，而且明文规定把德国在山东的特权，全部转让给日本。北京政府竟准备在"和约"上签字。5 月 4 日，以北大学生为核心的北京三所高校的 3000 多名学生代表，冲破军警阻挠，齐集天安门，他们打出"誓死力争，还我青岛""外争主权，内除国贼"等口号，要求惩办卖国贼，痛打了驻日公使章宗祥，火烧交通总长曹汝霖住宅。随后，军警给予镇压，并逮捕了学生代表 32 人。北京学生的爱国主义行动迅速影响到全国，在一个多月的时间之内，全国各大城市学生罢课，工人罢工，商人罢市，并举行游行示威声援北京学生爱国行动。最后迫使卖国贼被免职，总统徐世昌提出辞职，中国代表没敢在和约上签字。在民族危亡的历史关头，北京青年学生挺身而出，以命相搏，在挽救了国家命运的同时，以青春的热血写下了五月四日这一光辉的日子，并为中华民族永远留下了"爱国、进步、民主、科学"的"五四"精神。

90年，弹指一挥间，那些亲身参加过五四运动的先辈们早就离我们而去，但在他们的精神熏陶下成长起来的"90后"们，是否做好了充分的准备，"铁肩担道义"，肩负起民族振兴的历史重任？一个时期以来，社会对"80后""90后"有诸多议论，有批评，有赞赏，但更多的是担忧，担忧我们稚嫩的肩膀挑不起国家赋予的重任。这些担忧并非毫无根据。毋庸讳言，独生子女的娇气、应试教育高分低能的迂腐之气在一定程度上客观地存在于部分学生的身上，在十分激烈的国际竞争中，这些不利因素的存在不能不引起国人的关注。但是作为校长，我对宜昌市第一中学学子还是充满信心的！今天，在高中毕业前夕，高三的同学站在国旗下举起了右手向祖国庄严宣誓，将要回答"90后的责任"这一神圣的问题。借此机会，我向你们提出几点希望。

首先是要有爱国主义情怀。爱国主义教育是我校德育工作的核心，我们所进行的一切社团活动都是围绕培养"中华灵魂"而展开。爱国不仅是一种高尚的情感，更是一种强大的力量，是伴随我们克难奋进建功立业的不竭动力。这种动力远比个人的虚荣心和贪欲所形成的动力要大得多，持久得多。很难想象一个没有爱国之心的人能够干出什么大事业。爱国主义的核心是责任。有一位伟人曾说："人生所有的履历都必须排在勇于负责的精神之后。"微软总裁比尔·盖茨曾对他的员工说："人可以不伟大，但不可以没有责任心。"中华少年应该对民族的兴衰荣辱负起切实的责任，具体来讲，我们"90后"的责任就是要让我国迅速崛起，挽回因百年的被动挨打所失去了的民族尊严。责任的核心就是奉献。国家的富强，人民的幸福，不是喊口号能够喊出来的，靠的是大家勤劳的双手埋头苦干。如果每一个青少年都对国家的贡献大一点，国家就会发展得快一点，离我们的目标就会更近一点。

其次要有追求卓越的雄心壮志。如果说我们国家要以最快的速度实现和平崛起，恢复汉唐雄风的伟大目标，那么这就决定了并且有赖于我国的青少年要具有宽广的胸怀、高远的追求。只有每一个中华青少年不甘落后，奋起直追，让有限的人生发出最大的光和热，才能托起祖国这东方的一轮红日冉冉升起。梁启超的名言"少年智则国智……少年雄于地球则国雄于地球"阐述的就是这个道理。屈原的"路曼曼其修远兮，吾将上下而求索"的执著，毛泽东的"问苍茫大地，谁主沉浮"的气概，都是学习的榜样。将来不论从事什么职业，都应该以出类拔萃而自勉。走出校门首先应该想到创业而不是去打工，即使打工也要为创业作准备，能做大树就不要甘于做一株小草。曾子曰："士不可以不弘毅，任重而道远。"要追求卓越，必须通过"苦其心志，劳其筋骨"而磨掉娇嫩之气，目标远大，刚毅坚韧，方能做到愈挫愈奋，百折不挠。在中国传统文化中，"中庸"思想流毒甚深，容易使人甘于平庸，甚至使人庸俗化，这是我们青少年不可取的消极的人生哲学。

最后，我以一首自创的绝句送给大家：

鹰雏振翮志长空，宝剑鸣匣我自雄。
巧借风云九万里，英气少年步蟾宫。

站在太平盛世的门口

尊敬的各位领导、来宾，老师、同学们：

时维九月，序属三秋；金风送爽，丹桂飘香。全校近 3000 名师生在度过了一个充实、难忘的暑假后，又回到了美丽的校园，踏上了新的教育和求知的征程，开始了新学期的生活。香樟路上，又将出现你们青春的靓丽身影；惠风轩中，又将留下你们求索的成长足迹。在这里，我首先代表全校师生，对出席今天开学典礼的领导、嘉宾表示热烈的欢迎和衷心的感谢！对广大师生新学期的学习和生活表示最美好的祝愿！

同学们，回顾过去，国家的日益强大让我们欢欣鼓舞；展望未来，中华民族的伟大复兴指日可待。中国 2008 年 GDP（国内生产总值）为 4.2 万亿美元，超过德国成为全球第三，距日本的 4.8 万亿美元仅一步之遥。在金融危机阴影笼罩全球的 2009 年，中国经济率先企稳，并已出现复苏的积极迹象。专家预测和数据表明，今年或明年中国的经济总量即可超越日本，成为亚洲第一，全球第二。祖国综合国力的提升，将为我们 90 后有志青年提供施展才华的广阔舞台。

学校取得的成绩同样令人鼓舞。2009 年高考获得全面丰收，我校 797 名毕业生中，万芷均同学以 619 分的高分，勇夺湖北省文科应届生状元、大宜昌市第一，并被香港中文大学录取，享受 48 万元全额奖学金；程曼祺、刘贻培获城区第二、第三名，分别被北大、清华录取；李倩同学以 681 分的成绩获得大宜昌市理科应届生状元并被清华大学录取。我校共有 5 人考取清华、北大，占宜昌城区的 71.4％，在全省地市州级学校中也是遥遥领先。考入英国伦敦大学、香港中文大学、阿根廷洛马斯大学、新加坡义安理工学院等国际知名高等学府的学生有 12 人，在宜昌市独一无二。被我国重点大学、一本和二本、文科和理科录取的比例都位居宜昌市第一。宜昌市委领导专程来我校调研培养学生的经验和规律，慰问我校优秀的师生代表。学校连续第二次被评为湖北省最佳文明单位，成为宜昌获得文明单位级别最高、次数最多的学校。本学期全省正式实施新一轮高中课程改革，学校凭借十多年积极探索素质教育的经验和优势，已率先被评为宜昌市新课改样本校。这些成绩的取得，与政府的支持、领导的关怀、全体师生的共同努力是分不开的，让我们再一次用热烈的掌声表示感谢和祝贺！

老师们，新的学期令我们期待，新的事业等着我们去开创。学校将继续高举素质教育大旗，进一步提升办学理念，解放教育思想，更新教学观念，打造朴诚、敦厚、睿智的校园道德与职业文化，促进学生的全面发展、终身发展，用实际行动创造一流的业绩，造福于千家万户。全校教职工将进一步提高"德"的标准，树立没有教不好的学生的教育观，从高一第一天抓起，从最后一名学生抓起，让每一个学生都能享受做人的尊严，体验成功的快乐；树立一切皆有可能的人才观，相信每个学生的能力，挖掘每个学生的潜力，增加每个学生的动力，让人人都有考取一本的希望；强化全员育人的师德观，要求人人都是德育工作者，负责 10 到 15 名学生的教育，保证每一个学生的身心健康，为将来的可持续发展打下坚实的基础。学校将继续实行严格的无缝隙管理，全方位培养学生的文明礼仪、传统美德、民族精神和综合素质，同时反对片面追求以严重牺牲学生的休息时间和损害学生身心健康为代价的升学率，追求低耗高效的绿色升学率，改革教学体系的关键环节，重新研究和定位教学目标的叙写方法，大幅提高课堂教学的有效性。

同学们，站在太平盛世的门口，你们肩负着国家的重任、家庭的希望，百年一中的光荣传统等着你们去发扬光大，个人未来的幸福和成功值得你们去奋斗。知识改变命运，拼搏成就未来。希望你们像孔子说的那样，明德励志、见贤思齐，做一个知识渊博、意志坚强、积极进取的智者、仁者、勇者，培养不惑、不忧、不惧的品质，对自己负责，对家庭负责，为学校增光，为国家尽力。

老师们，同学们，今年是伟大的新中国建国 60 周年，2010 年又即将迎来宜昌一中百年华诞，让我们怀着高度的责任感和使命感，统一思想，积极行动，用更加优异的成绩，创造新的辉煌！

谢谢大家！

2009 年 9 月 1 日

注：此文系在 2009 年秋季学期开学典礼大会上的讲话，后以《站在太平盛世的门口》为题，发表在《师资建设》2009 年第 10 期上。

阳光工程谱写一中新篇章

——2010 年元旦献词

老师们、同学们：

大家好！

再过 29.5 个小时，我们将迎来新年的钟声。我在这里提前给大家致以最美好的祝愿，愿大家快乐健康，学业进步！

盘点即将过去的一年，我们不无感慨，不无骄傲和自豪。我们伟大的祖国在科学发展观的指导之下，在全国人民的共同努力之下正在实现历史的变革。以四万亿的巨额投资为主的应对世界金融危机的一系列措施取得了举世瞩目的成就，2009 年经济估计可达到 8.5% 以上的增长率，成为世界经济发展的一台发动机。全国 GDP 总量有可能超过日本成为世界第二大经济体。明年将成为世界第一大出口国。建国 60 周年的国庆阅兵以其磅礴的阵势和恢宏的军威，给被动挨打 100 多年的国人带来了民族的自信力，给那些亡我之心不死的国内外反动势力以极大的震慑。在刚刚将结束的哥本哈根全球气候大会上，我们明显感觉到，中国的声音明显大了许多，我们的温总理折冲樽俎，促成了《哥本哈根协议》的签订，为人类应对气候变化作出了应有的贡献。英国气候变化大臣诬蔑中方"劫持"会议谈判进程，从一个角度反映了中国在国际事务中获得了更多的话语权。国际金融危机导致世界经济此消彼长，从世界经济危机中获得的机遇，使中国崛起速度大大加快。

伴随着共和国的成长，宜昌市一中努力学习实践科学发展观，实施"1＋10阳光工程"，提出了"没有教不好的学生""每一个学生都是一个家庭的希望""从最后一名抓起，从第一天抓起"等口号，力争使每一个学生得到老师的关心、学校的温暖，在爱的阳光下健康快乐地成长。已有不少老师利用节假日时间深入学生家庭，了解学生成长背景，帮助学生及其家长解决学困、贫困和行为偏差所带来的一些问题。这久违了的家访活动，是我校打造朴诚敦厚的教育道德文化的重要抓手，是"阳光工程"的核心内容。上周星期天，国家教育部、省教育厅、市教育局领导到我校调研，对这项阳光工程给予了充分的肯定，一再勉励我们要坚持到底，取得实效。

继高考获得良好成绩之后，奥林匹克学科竞赛又有新突破，迄今为止，已有7名同学以全国学科竞赛一等奖成绩获得2010年高校保送资格。

今年我校名师工程建设成绩斐然。共有13名教师获得市级以上优质课竞赛一等奖，其中龚念、童润生两位老师获全国一等奖，赵伟、吴海涛、谈怡、田静、马琳等五位老师获省级一等奖。

同学们，如何有意义地度过2010年，我希望大家制订好发展计划。这里我提出两点希望供你们参考。

一是根据科学发展观和我校"1＋10阳光工程"的要求，处理好德智体美全面发展的关系。毋庸讳言，我们在一中求学是有着很强的功利色彩的，这就是要为每一个家庭的富裕，为祖国的富强而贡献力量。要达到这个目的，必须坚持全面发展。知识就是力量固然是真理，但是如果没有良好的道德和行为规范，知识的力量是很难发挥出来的；如果没有强健的体魄，没有热爱生活的激情和情趣，知识的力量也是要大打折扣的。所以，我们应该刻苦学习，以刻苦学习为荣，但是有一个度要把握好，那就是不能以牺牲我们的品行和身心健康为代价。作为校长，每当我签署意见批准个别同学休学时，我的心里是很难受的！我固然希望同学们学习好，但我更愿同学们人人健康快乐！这就是我校实施"阳光工程"的全部目的之所在！

第二，我们要把遵纪守法化为自觉的行动。国家没有法律法规，国家就要灭亡，人民就要遭殃；我校三千多人在一起学习和生活，没有校规校纪或者执法不严，学校的教育教学秩序就无法保障，广大学生的利益就要遭受损失。作为一所百年名校，纪律严明是基本的特征和要求。放任自流或者只抓学习是一所学校社会责任的缺失。我校实施多年的德育学分制是德育工作的一个创举，同学们都是这项创举的受惠者。但是，有少数同学受西方非主流思潮影响，总是不愿受约束，不服管教，视为所欲为为所谓自由，视与老师发生冲突为所谓具有个性，不尊重老师和家长无私的真情付出，浅薄无知且无礼，给学校带来不和谐的声音。我们难道不是都希望祖国繁荣富强吗？我们难道不是都希望西方各民族给予我们应有的尊重吗？那么自由散漫的国民建设不了繁荣富强的祖国，没有教养的国民永远得不到别人的尊重！爱国就应该从遵纪守法开始。君不见许多国家在风景名胜区挂出特用中文书写的文明警示牌吗？那是每一个中国人的耻辱！宜昌一中的学生是国家的栋梁，不仅学习好，我们的行为规范也同样应是榜样！

同学们，如果我们国家的经济总量超过了日本，那是国家和我们每一个人的成就和光荣。但是我们要清醒地看到，我们十个人的 GDP 才比得上一个日本人，我们任重道远！让我们艰苦奋斗，以青春的热血书写华夏新的篇章！

再次祝同学们新年快乐！

谢谢！

风云际会百年一中，继往开来三大传统

——在宜昌市一中百年庆典上的讲话

尊敬的各位领导、来宾，老师们、同学们、朋友们：

今天，盛世金秋，天朗气清，群贤毕至，少长咸集，宜昌一中与伟大的祖国共襄盛典，庆祝建校百年华诞。首先请允许我代表全校3000名师生向光临今天庆典现场的长期关怀宜昌教育事业的省、市、县各级领导，多年来一直和我校保持友好合作关系的各级各类学

2010年10月3日，在百年校庆大会上致辞

校的同仁，热爱公益事业、无私支持和关心我校发展的企业家和社会各界朋友，辛勤耕耘、默默奉献的宜昌一中离退休老前辈，怀着拳拳眷恋之情、风尘仆仆从五湖四海返回母校的一中校友，表示最热烈的欢迎和衷心的感谢！

宜昌一中的历史源远流长。其发展源头最早可以追溯到为纪念晋代文学家郭璞在宜昌注释《尔雅》和宋代文学家欧阳修在宜昌担任县令而开创的"墨池书院"和"六一书院"。100 年前的今天，在中华民族灾难深重的危急时刻，宜昌一中的前身"宜昌府中学堂"脱胎于书院，载着"兴学图强"的历史使命应运而生。从墨池书院到文昌宫、节烈祠、建始三里坝、土门垭、居士林、西坝皂角树巷、黄草坝、怀远路再到现在的教军场，从宜昌到恩施的建始和来凤县，又从恩施回到宜昌，近十次搬迁校址；从 1910 年宜昌府中学堂到 2010 年湖北省宜昌市第一中学，十五次变更校名。沧桑砥砺，岁月峥嵘，百年历程，三万学子。学校坚持教育报国的理想，为积贫积弱的旧中国输送了数以千计的仁人志士，为中华民族抗争外侮，挣脱帝国主义枷锁作出了应有的贡献。新中国成立特别是改革开放以来，宜昌一中秉承"全面发展，终身发展"的办学理念，全面贯彻党的教育方针，坚定不移地实施素质教育，为祖国培养了一大批优秀人才，其中很多已经成为著名的专家、学者、社会精英、国家栋梁。如被邓小平同志亲切接见的总参测绘专家孙伯年，被江泽民同志亲切接见的北京天文台台长李启斌，中国科学院院士、青岛海洋大学教授文圣常，中国工程院院士、华中科技大学教授潘垣，中国人民解放军的高级将领陆志宙、张孝成、岳世鑫，中国长江学者、中科院生物物理研究所所长徐涛，盛大互动娱乐有限公司首席技术官兼总裁谭群钊，深圳怡化电脑有限公司董事长彭彤等，他们用青春热血不仅为宜昌一中的历史也为中华民族的腾飞书写了厚重的华章。

伴随着国家风雷激荡的百年沧桑，宜昌一中一路走来，社会动荡没有使她夭折，抗战的烽火没能把她毁灭，应试教育的浊流未能迫使她扭曲发展方向。最可宝贵的办学传统有三点。首先，坚贞不渝忠诚祖国的神圣感情，振兴中华、富民强国的崇高使命感，是支撑着一代代的一中人百折不挠、与时俱进、开拓创新，继承发展宜昌千年文脉，创造百年一中辉煌的根本动力。一中人明白，我校是在救亡图存的历史背景中诞生的，永恒的爱国主题才能不断激发师生奋发有为的激情，才能使学校具有永不衰竭的发展动力。一旦失去了爱国主义的精神，学校就失去了发展方向和灵魂。让我们的国家强大起来，让世界各国读懂中华民族的尊严，是我一中师生根本的使命！所以，我们在任何时候，都把爱国主义教育放在至高无上的位置。每周一全校师生的升旗仪式，每周的班会和一切教育活动，无不贯穿着一条爱国主义红线。正是这一腔爱国主义激情，才使我们毅然决然地选择了充满艰难险阻的素质教育，把风险和汗水留给我们自己，把全面发展的绿色升学率还给了学生。其次，是对促进学生德智体美全面发展的教育规律始终如一的敬畏与尊重，使一中牢牢把握教育发展的正确方向，运用科学的教育方法，实现了可持续的健康发展。我校坚持素质教育，在完成必修课的前提下，开发了近百门选修课供学生选择，给学生留下自主学习的时间和空间，发展综合素质，而坚决舍弃把学生的时间和空间占满和填死的应试教育。这是因为没有学生的自主学习，就不可能培养出真正的人才，即使"死揸"出了很多的大学生，那也不过是浪费资源，增加许多个"啃老族"而已。我们坚持德智体美全面发展，给德育体育美育以应有的位置，坚决抛弃片面追求升学率的做法。这是因为仅仅会考试，学生会成为书呆子，即使高考获得成功，人生却会失败。第三是一脉相承的朴诚、敦厚、睿智的校园道德文化，铸造了宜昌一中对莘莘学子有着恒久的吸引力、对社会各阶层有着强大的感召力的师德与校魂。我们认为，每一个学生都是一个家庭的希望，没有教不好的学生。教育的道德，在孔子心里是"有教无类"，在一中教职员工的心中，那是教育平等。我们实施"1＋10 阳光工程"，让每一个教师负责十个学生的人生规划，生活和学习，从最后一名抓起，从第一天抓起，不让一个学生因贫困而辍学，不让一个学生因学困而辍学，不让一个学生因行为偏差而辍学，让每一个学生沐浴在爱的阳光里健康成长。我们的老师经常家访，我们很多老师默默资助贫困的学生，为的是演绎一个永恒的教育主题——真挚的爱才是教育的真谛！

　　同志们，今天的庆典是对我校前百年办学历史的总结和礼赞，更是为宜昌一中未来新的百年辉煌而奠基。请各级政府和人民群众放心：我们全校师生将以更旺盛的斗志和激情，乘着《国家中长期教育改革和发展规划纲要》的颁布和全国教育工作会议召开的东风，坚定不移地实施素质教育和新一轮高中课程改革，为率先实现教育现代化而奋斗，为培养具有中华灵魂、世界眼光的高素质人才而努力奋斗，让每一个从一中大门跨入社会的青年学子成人成才、一辈子健康幸福！

　　谢谢大家！

2010 年 10 月 3 日

以生为本，拨应试教育之乱

——关于《纲要》的一次发言

能够参加省委罗清泉同志组织的关于教育问题的座谈会深感荣幸。《国家中长期教育改革和发展规划纲要》的颁布实施，是我国社会和教育发展的一件大事，我作为一个一辈子从事教育的人感到无比欣慰和责任的重大。

《纲要》的制定是比较科学的，首先表现在规划的目标宏伟，定位准确，正确反映了我国社会、经济、文化，尤其是人的发展的要求。如战略目标，"到 2020 年，基本实现教育现代化，基本形成学习型社会，进入人力资源强国行列"，"实现更高水平的普及教育。基本普及学前教育；巩固提高九年义务教育水平；普及高中阶段教育，毛入学率达到90%；高等教育大众化水平进一步提高，毛入学率达到 40%；扫除青壮年文盲。新增劳动力平均受教育年限从 12.4 年提高到 13.5 年；主要劳动年龄人口平均受教育年限从 9.5 年提高到 11.2 年，其中受过高等教育的比例达到 20%，具有高等教育文化程度的人数比 2009 年翻一番"。根据邓小平同志"三步走"战略和党的十六大部署，我国应该在 2050 年基本实现现代化，那么教育现代化提前了 30 年，教育先行的战略思想得到了充分的体现。其次，为实现这一宏伟目标所提出的改革措施体现了教育规律，也非常翔实具体。如第三部分的体制改革，涉及人才培养体制改革、考试招生制度改革、建设现代学校制度、办学体制改革、管理体制改革、扩大教育开放等六个方面；第四部分的保障措施涉及加强教师队伍建设、保障经费投入、加快教育信息化进程、推进依法治教、重大项目和改革试点、加强组织领导等六大方面。这些改革和保障措施整整40条，应该说内容涵盖面广，设计严密。

但是根据历史的经验和教训，我认为，量的发展目标，经过全党和全国人民的努力是可以达到的，而质的发展目标存在较大的困难。用10年时间基本实现的现代化的教育，应该具有怎样的品质呢？现实的教育离这个现代化的教育品质还差多远呢？我认为现代化的教育应该是素质教育，素质教育既是实现教育现代化的抓手，也是现代化教育实现的特征。1999年6月13日，《中共中央国务院关于深化教育改革，全面推进素质教育的决定》正式发布实施。《决定》上有这样一句话："全党、全社会必须从我国社会主义事业兴旺发达和中华民族伟大复兴的大局出发，以邓小平理论为指导，全面贯彻落实党的十五大精神，深化教育改革，全面推进素质教育，构建一个充满生机的有中国特色社会主义教育体系，为实施科教兴国战略奠定坚实的人才和知识基础。"这已经把实施素质教育上升到了中华民族复兴的大局的高度。这曾经让广大的师生欢欣鼓舞的教育决策到现在已有11年时间，而现实中的素质教育除了山东、江苏、上海等有数的几个省市做出了素质教育的一些探索之外，全国素质教育不仅没有起色，反而步步退却，倒是应试教育愈演愈烈，步步进逼，越来越巩固。前天几家网站报道了南京市几个中学生拒绝给老人让座的消息，引起社会热议：学生们申述不让座的理由是，他们深夜一两点，有的甚至两三点才能睡觉，早晨五点就要起床，而车上的老人们脸色都比他们好；他们背着六七公斤重的书包在车上很不好受，而老人都是空手去锻炼，他们凭什么要让座呀！这则消息让我们这些教育工作者十分汗颜！学生的思想素质到哪里去了？学生的身体素质到哪里去了？都是被沉重的学业负担夺去了！我们还不能简单地责备他们，该责备的恰恰是我们成年人！近十几年来，中小学生们休息的时间是越来越少，背上的书包是越来越重，有的只好买一个拖车每天拖着书包去上学。这样的教育是不是现代化的教育？如果这样的教育还延续十年，教育现代化何从谈起！我们党和国家对应试教育的危害、对于过重的课业负担给广大的中小学生的身心健康带来的伤害一定要有足够的认识，否则我们对《纲要》的质量目标的实现就没有信心。有鉴于此，我提出如下建议：

一、全党全国要进一步认清应试教育的本质和危害。首先，应试教育在恢复高考之初，作为对十年"文革"的矫枉过正，有它的合理性和必然性，但是演变到 90 年代以后，它的动机就不是那么单纯了，功利色彩越来越浓厚了，以牺牲学生的身心健康为代价换取政绩、换取高职称的官员心态和教师心态普遍存在。但是这些隐藏在关心热爱学生的旗帜下，不易被辨识出来。一句"我这是为了学生好，我这是为了把学生送上大学"就可以掩盖无休止地加重学生课业负担的很不高尚的行为。隐藏在爱的名义下的应试教育趋利性的本质不大容易被认识到。它的危害是窒息民族的生机和活力，阻碍中华民族崛起的步伐。南京不让座的那批少年，脸色青黄，背脊弯曲，他们是否承担得起民族崛起的重任，实在令人怀疑。其次，要运用经济建设节能减排的理论认识解决应试教育这一痼疾的必要性和紧迫性。节能减排方能实现持续发展的思想已成为全民共识，如果不计成本地消耗资源，不顾后果地污染环境，那么我们的发展既不能持续也没有意义。但是人力资源才是第一资源，作为未来的建设者的学生，如果被过度开发，知识有余，健康不足，能力缺乏，其后果是比不注重节能减排的粗放型发展的后果还要严重。对学生教育的"节能"，就是要给学生腾出足够的时间和空间以自主自由地发展，而不是把他们的时间和空间全部占满，让他们身心交瘁；对学生教育的"减排"，就是要让学生德智体美全面和谐地发展，就是要让所有青少年健康快乐地成长，提高生命的质量，最大限度地提高成才率，而不是不断地制造废品和次品——大批量地淘汰高考无望的学生，大幅度地降低高考线上的学生适应社会的生存能力。党和国家应该运用节能减排的理念、激励和限制性措施解决应试教育的问题。

二、我省要借鉴山东等省的经验，规范教育行为。实现现代化的教育第一步是要让教育行为规范起来，在规范的基础上实施素质教育。十几年来，我国教育的最大敌人就是不规范，就是不讲科学，表现在无休止地延长教学时间，无休止地加重课业负担。国家和各个省制定的高中课程计划，是每学年两个学期，每个学期是 20 个周左右，每个周上学 5 天，高中生每年校园生活时间规定在 200 天、三年 600 天左右。但是几乎 90％以上的学校三年上课时间都在 900 天以上。为了竞争的需要，你校每周上五天课，我校就上六天课，你上六天课，我就上七天课……如此竞争，最后剥夺了学生的周末，剥夺了寒暑假，还剥夺了学生的体育、音乐、美术课和一切社团活动。解决这种不规范的教育行为，是当务之急！方法就是以强有力的行政手段，严格管理，达到"开齐课程，开足课时"的目的。"开齐课程"就是指国家规定的课程，尤其是当前我省高中新课改所规定的课程，都要开齐，不允许随意以高考为指挥棒砍掉非高考科目；"开足课时"是指严格按照规定开足每门课的课时，非高考科目不能减课时，高考科目不能增加课时。全省联动，加强督查检查，加大执法力度，坚决果断地处理各种不规范的教育行为。必要时动用司法力量，依法治教。2007 年 6 月 1 日开始施行的《中华人民共和国未成年人保护法》第十七条明确规定："学校应当全面贯彻国家的教育方针，实施素质教育，提高教育质量，注重培养未成年学生独立思考能力、创新能力和实践能力，促进未成年学生全面发展。"可惜社会舆论和法律仅对侵害学生权益的显性的行为，如体罚等给予了足够的关注，而对于加重学生学业负担，剥夺学生的"睡眠、娱乐和体育锻炼时间"等法律明文禁止的隐性违法行为太过纵容。时不我待，我省应该以"节能减排"的坚决态度，从检验我党执政能力的认识高度，解决教育不规范这一长期困扰着我们的顽疾！

　　三、我省要尽快把省政府教育督导室从教育厅分离出来，发挥其应有的作用。督导室设在教育厅，等于教育自己督导自己，是没办法履行职责的。分离出来之后，作为省政府的抓手，就可以及时地对《纲要》实施的情况进行评估，尤其是对当前教育行为不规范的问题进行矫正。

2010 年 11 月 11 日

跑起来，与时代竞发

——2011 年秋季开学典礼上的讲话

各位领导、来宾、朋友，老师们、同学们：

大家好！

今天，我们大家隆重集会，举行宜昌一中 2011 年秋季学期开学典礼。首先，我代表学校党政工团向领导和来宾的光临表示衷心的感谢！向光荣地升入一中的 800 多名新生表示热烈的欢迎和祝贺！

过去的一年，我们国家发展形势令人鼓舞。世界第二大经济体地位的确立，标志着经过改革三十年的中国，已经实现了初步的崛起，站在了世界舞台上的重要位置，已具备向世界一流国家、向全球最富强的国家发起冲刺的基本条件。"蛟龙"号载人潜水器 5000 多米海底探测的成功，"天宫一号"的即将发射，正在实现中华民族"可上九天揽月，可下五洋捉鳖"的豪迈志向；第一艘航母的成功试航，北斗卫星全球导航定位系统的快速建立，正在实现自明朝郑和以来中国人的蓝海梦和全球战略目标。中国的崛起虽然伴随着阵痛，但是只要中国人民团结一致，艰苦奋斗，就没有人能够阻挡我们复兴计划的实现。

我们学校诞生于中华民族处于风雨飘摇的历史时期，1910 年特殊的年轮为我校打上了为人民的福祉、为中华的崛起负责任的历史烙印，赋予了我们培育人才的伟大的历史使命。正因于此，我们披荆斩棘走过了风云激荡的前一百年；也正因于此，我们在阻碍中华崛起的应试教育沙漠中开辟出了一片素质教育绿洲，遵循了人才成长的规律，源源不断为国家输送了富有活力和创造力的人才。我们有理由感到自豪：我们没有用应试教育的野蛮方式将祖先遗留给后代的聪明和灵性扼杀，我们采用素质教育发掘和光大了民族的聪明和灵性。所以，在"阳光校园""活力校园"里成长起来的一中学子，即使有极少数没有考上本科院校，也有条件成为社会的精英人才，这是宜昌人民的评价。

新的学期，为了同学们的健康发展，我们将推出新的举措。

第一，我们要借宜昌市正在全力创建湖北省第一个全国文明城市的东风，努力抓好我校文明创建工作。同学们，宜昌市的全国文明城市创建工作正在紧张地进行之中，这对于宜昌人民素质的提高，对于宜昌市民幸福指数的提高，对于宜昌决战"十二五"，建设两百平方公里、两百万人口的特大城市，对于提升城市品位和核心竞争力都具有重大的意义。从本月四号开始，中央文明委将在宜昌大街小巷、公汽、的士上明察暗访，检查打分。我校全体师生员工要争做文明人，带头遵守社会公德，不要出现上网吧、男女交往过密、乱穿马路、跨越栏杆、闯红灯、乱扔果皮纸屑、高声喧哗、浪费粮食、公汽上不给老人和其他弱势群体让座等不文明行为。这些行为的出现将不仅让你个人形象变得猥琐，而且让百年老校和素质教育名校形象蒙羞。着一中校服、佩一中校牌的一中学子，在校外任何地方出现都应该是儒雅的、遵纪守法的一道风景！对待各项书面的测评，我们也应该从维护宜昌和母校形象的大局出发，实事求是地填写有关内容，而不应该随意发挥，自毁形象。

老师们，同学们，学校本来就是文明的发源地，是社会文明的窗口。提高修养，创建文明就是我们义不容辞的责任。本学期我们将使用我们自编的包括"国学篇""文化篇""成长篇""案例篇"等四本《修远求索》校本德育教材，目标就是要打造高尚文明的一中人。这是我校百年文化的结晶。我们要认真学习这四本教材，实践这四本教材，为每一个一中人的发展奠基，为宜昌市的文明创建工作作出应有的贡献！

第二，我们要深化素质教育，着力实施"阳光长跑"活动。要在"两课""两操"基础上，增加"两长跑"活动，即每天住宿生的"迎朝霞长跑"和全体同学"送晚霞长跑"。我们一定要坚持下去，让挥洒的汗水带走疲惫和一切烦恼，让霞光照耀着我们，跑出健康的体魄，跑出充沛的精力，跑出时代的激情，跑出昂扬的斗志，跑出坚毅的精神，跑出精彩的人生！

第三，要打造健康、文明、温馨、和谐的寝室文化。本学期我校投资 2000 多万元的第二幢学生生活大楼如期投入使用，将能满足全体师生用餐和 80％以上学生住校的要求。大楼设施一应俱全，符合环保节能的理念。我们要调动一切积极因素搞好服务工作，让大家吃得满意，住得安心。但是我们不是到一中来享受美食、享受安逸人生的，我们是来学习和锻炼的，我们不能娇惯自己，也不应该接受长辈的娇惯。高中生应该有自强不息的精神，对家庭对民族应该有一定的担当，学业上要追求高标准，生活上要低要求，要珍惜人民的劳动成果，节约资源，爱护公物，要以浪费为耻，损害公物为耻，追求物质享受为耻。要以节约为荣，以艰苦奋斗为荣，像爱护我们自己的家一样爱护学校一草一木。要学会共同生活，团结友爱，同寝室的同学应培养成为一辈子的好朋友！

第四，我们要深入实施目标教学，提高教学的效率，提高复习备考的科研含量。每一节课，不论是什么课型，都应该有教学目标展示、教学目标的实施和检测过程。这学期的教学时间进行了调整，上下午各有一节自习课供大家整理半天的知识，晚自习不允许老师讲课，星期天高一高二年级一律不能集体补课。这种情况下，教学效率和同学们的自学能力培养就尤显重要。同学们应适应这一科学的安排，因为除了文化学习，我们还要为全面发展腾出时间和空间，而且最后坐到考场上的是学生自己而不是老师，所以同学们要学会利用时间，学会自学。

老师们，同学们，世界发展潮流滚滚向前，中国要迎头赶上去，必须付出比发达国家的人民更艰苦的代价，竞争无法避免。升学的竞争、就业的竞争很现实地就摆在我们每一个人的面前。我们不要畏惧，不要埋怨，不要消极，不要低沉，相反我们每天都要伴随新的太阳，以我们阳光的性格，活出激情，博出精彩！让全世界都赞叹：中华少年，英姿飒爽！最后，我想把奥林匹克运动发源地希腊爱琴海一处悬崖上的三句格言送给同学们：

你想变得健康吗？那就跑步吧；

你想变得聪明吗？那就跑步吧；

你想变得美丽吗？那就跑步吧！

谢谢大家！

Chapter 8
第八章

第三只眼

今生圆我名校梦

——访宜昌市第一中学校长陶三发

湖大毕业。特级教师。41岁。

1982年跨入一中校门工作，从一名普通语文教师干到教务处副主任、副校长、校长。据他身边的工作人员介绍说，他办事讲效率有魄力，这便是我采访之前"听"到的陶三发。

5月4日下午，在宜昌市一中幽静的校园里，真实的陶三发坐在了我面前。他刚刚从纪念"五四"青年节全校师生大会讲台走下来。躲开短暂的繁忙和杂务，陶校长谈起一中如数家珍。

宜昌市第一中学创办于1910年，早在1953年就被批准为全省重点中学，改革开放以来，一中发展更是日新月异，先后获得省市各级奖励40余次，近日又被评为全省示范学校，宜昌市获此殊荣唯独一家。这是国家教育权威部门全方位综合性对一所中学评估和给予的极高级别荣誉。

谈到成绩，陶校长并没有显出太多的激动，"这些成绩绝非偶然，而是一中各个单项不断完善不断发展不断进步的必然结果。这里面凝结了无数一中师生的心血"，陶校长告诉记者，一中创建以来自始至终围绕全面贯彻教育方针全面提高教育素质的总体思路，自身实践摸索出了"强化德、坚持全、注重实、讲究活、追求新、着眼管"的十八字治校经验，把如何做人作为培养学生的首要标准，避免空洞的说教和表面的花套，讲究教与学的灵活性，鼓励和激发师生共同创造，把整个学校的管理作为一种生产力来抓，这便是一中走在别人前面的"秘方"所在。

不论是当校长之前还是当校长之后，陶三发始终认为"二制"是一个学校能否快速发展的重要制约因素。一制便是体制，一制便是机制。陶校长说，体制是为了更好地规范，使学校有条不紊；机制是为了更好地竞争，使学校充满活力。正是在这一思路下，一中设立了三个处、三个年级、两个办公室、一个团委9部门模式，部门简单明了，职责一清二楚，管理体制既畅通又协调，人人有事忙，事事有人管；也正是在这一思路下，一中有了较为完善的聘任制，人员可进可出、干部可上可下、职称可高可低，教师有了紧迫和危机，学校便有了活力和动力。

"二制"的理顺使一中的面貌得到了更快的改变，日夜为一中奔波的陶三发在想：要使"二制"顺利实施落在实处，就必须有一个保障。于是记者又听到了一个新名词：两翼。陶校长告诉记者：所谓两翼，一个是以法治校，一个是科研兴校。在宜昌市一中，各种制度、规章多达100余项，近日完成的班级、教研组、教师业务、行政干部等六大评估体系更是一个大飞跃，为一中更加规范化建设奠定了良好基础。做到了管人有职责，对事有制度，对人对事有评估体系，整个学校有了一把度量分明的尺。给记者印象很深的是，陶三发就像一个现代企业的管理者一样，他既善于摸索也善于总结，他说一个学校靠什么不断发展不断进步，加班加点、粗放经营不行，要走集约经营之路，要靠科研兴校。正在一中实施的"外语单元整改教学"和"学生巨大潜能开发"两大全省科研课题，为陶校长的这番话作了最好的佐证，正是这两大"试验"使宜昌市一中在生源并不理想的情况下，1997年升学率仍居全市第一。

谈到一中的未来，陶校长更是信心百倍，"我们制订了一个5年发展规划和 10 年奋斗目标，争取管理、教育教学、校园建设、物质文化生活四个方面再上一个新台阶，把一中办成一个素质教育示范学校，争创湖北省最佳文明单位，要让一中成为一所真正的名牌中学。

我想，陶校长的这个梦不久就能变成现实。

采访的这天，恰逢中国最高学府北京大学百年校庆，也许这是个好兆头。

（1998 年 5 月 6 日《三峡晚报》）

吾师三发

刘 茜

都说，时间能冲淡一切。但我却时时想起他——生命中遇见的一位好师长，不只是在教师节。初次见面的情形已记不大清楚了，大约是在高二，当时只觉他的名字挺特别——三发。

老师很随和、不古板，从不摆出一副师道尊严，读起文言文来摇头晃脑，一副可爱的夫子模样。那时每周要交一篇周记，老师相信写作要有灵感，"未进中年强说愁"达不到目的，写不出也可摘抄佳作，所谓观千剑而识器，听千曲而知音。他还鼓励我们向报社投稿，且不惜舞剃刀卖大艺，身先士卒主编出了《全国优秀教师示范作文选》一书，全班50多人人送一本。

教师教好书，工人做好工，天经地义。老师的好更多在书外。班上常开辩论会，正方反方唇枪舌剑，那热闹劲儿不亚于如今的大专辩论会；春暖花开、草长莺飞，正是放风筝的好日子，滨江公园留下了师生们快乐的身影；"打铁还得自身硬"，高考前还鼓励我们多运动，平常文体活动课也名副其实；"暖风熏得游人醉"的时节，鸣凤山下，奏响一首锅碗瓢盆交响曲，一人一道拿手菜轮番上阵，一锅饭众人来调；可惜的是，由于时间缘故，老师的每人当一周"班头"的计划泡汤，最令我难忘的是，高三曾患眼疾，弄得像个海盗般在家休养一周，他不知从哪儿打听到地址，大老远骑脚踏车出现在我家门口。

亦师亦友，也是老师的一大特点。毕业一年后的一次聚会，难得大家又相逢在一中301班的教室，记得班长问：老师，您说大学能谈恋爱吗？这问题可是不敢随便问家长的，此时的老师更像无话不谈的哥们儿。面对年轻骚动的心，老师如是答，有缘千里来相见，无缘对面手难牵，这要看缘分。

后来，从同学那儿、报纸上零零星星听到老师的消息：先是当了副校长，不久成了校长，接着荣获湖北省政府专家津贴。真为老师高兴，相信他这样一位好老师，一定能做一位好校长。

（1999 年 9 月 11 日学生刘茜发表于《三峡晚报》）

陶三发：素质教育要求管理更严

覃燕妮

> 素质教育是要追求更高的升学率
>
> 素质教育是要管得更严
>
> 素质教育是要让学生全面发展

新大楼就要落成了！陶三发站在艰难与荆棘铺垫起来的地毯上，凝神远眺，深邃的目光透视出鲜花与掌声的愉悦。但他忘不了那段充满争辩的激情岁月。

义无反顾为素质教育鼓与呼

10 年前，陶三发导演了一出话剧：话剧的剧幕是他振臂高呼，为"素质教育"摇旗呐喊。现实与传统发生激烈的碰撞，他却义无反顾。

徐志摩说，走路有两种走法：一个是跟着前面人走，一个是走自己的路。陶三发属于后者。

陶三发从小有五彩斑斓的理想，后选择了教育。从 18 岁开始创办村小学，到 1982 年大学毕业分配到宜昌市一中执教高中。

上个世纪 90 年代初，教育家们在无法扭转"应试教育"的被动中提出"素质教育"之路。身为教务处主任的陶三发眼前一亮，苦苦思索的新概念出炉了。

他带磁性的声音与传统的节拍不和谐，激进的自然触动保守的。唇枪舌剑，争论一浪高过一浪，反对派坚持"应试教育动摇不得"，改革派认为"素质教育才有出路"。陶三发说，人作为重要资源，文凭不再是一张简单的就业通行证，只有通过素质教育才能培养立足于市场经济的人才，而不是一个书呆子。

1997 年，陶三发当选校长。当年，陶三发亲自起草主持，讨论通过《宜昌市一中五年发展规划和十年奋斗目标》，确定坚定不移走素质教育之路，推出改革大法《市一中素质教育实施方案》。

素质教育是要管得更严

"管理松散，不适合不自觉的学生就读"，这是一些家长对一中产生的误解。2001 年春天，一位家长找到陶三发办公室质问，我的孩子在一中上学，课时少 5 分钟，"活动"时间长，一年要比另一所重点中学读高一的侄女在校时间少 120 天，而且人家寒暑假都补课，孩子高考有望吗?

陶三发启发他：减少课堂时间在于逼着老师增效增质、创新，不等于松而不严，相反管理更严要求更高，老师达不到启发式、研究性教学标准，培养不出有创新意识、全面发展的学生，就得"下课"。素质教育崇尚全面发展，学生学得轻松，学得好，玩得好。

素质教育是要让学生全面发展

6 年来，一中学生写作水平、科技发明扬名全国，被誉为"中国发明创造第一校"，体育竞赛独步宜昌，数、理、化、生奥林匹克竞赛全省领先。中央电视台推出系列专题片。

升学率快速上升，上清华、北大的学生由以前最多 2 至 3 人到现在的每年 8 至 10 人。三年考入清华、北大、复旦、上海交通大学、中国人民大学、浙江大学等著名学府 300 余人。闫晓俊、欧阳莲等一批杰出校友在剑桥、哈佛、耶鲁等世界名校攻读硕博士学位。

培养身体健康，全面发展，有活力，有创造力的学生，是陶三发理解的素质教育最高境界。他带领一中人正朝着这个境界乐此不疲。

（2003 年 6 月 27 日《宜昌日报》）

陶三发：教育的寻梦人

记者　王海益

在影响宜昌历史进程人物颁奖台上

阅读提示：湖北省政府教育督导室曾对宜昌一中作出评价："即使在社会的压力、家长的质疑、校际的竞争等外在环境因素影响下，该校仍坚持不懈、义无反顾地前行。"整整十年，风雨兼程，硕果累累。这所学校给我们留下了一系列的谜团：是什么力量使这所省示范重点中学率先勇敢地走上素质教育之路？是一个什么样的领路人把素质教育演绎得如此姹紫嫣红？带着一系列的问题，记者深入到宜昌市一中对校长陶三发进行了采访。

今年 51 岁的陶三发并不是一个土生土长的宜昌人，他出生于湖北鄂州。家庭兄弟姊妹多，家境寒苦，从上小学起，他便开始了半耕半读的学生生活。功夫不负有心人，1977 年恢复高考之后，已年满 20 岁的陶三发如愿以偿地坐进了高考教室，并以全乡第一名的成绩考取了当时的武汉师范学院（现更名为湖北大学）。

大学期间，他勤奋好学，胸怀大志。图书馆是他去得最多的地方。他饱读专业书籍和世界名著，是一个充满思想、充满阳光的智慧男孩。1980 年，当全国各大高校校园内掀起真理标准的大讨论之时，23 岁的陶三发凭着高度的政治敏锐性，深层次地思考着。他从当时工人不做工、农民不种地的怪异社会现状中预感到这次讨论的结果将在国家的发展过程中发挥重要的作用，历史验证了陶三发这一超凡的领悟力。

1982 年，陶三发大学毕业后，被分配到宜昌市一中任语文教师，告别了自己的家乡鄂州，千里迢迢来到了宜昌。从一名普通的语文教师到如今的校长，他在宜昌市一中一干就是三十年。陶三发记得当年他参加工作时，第一个月的工资只有 54 块，除了留下 30 元用作自己的生活费，陶三发还给鄂州老家寄去 24 元，资助年幼的弟妹读书。虽然日子过得拮据，但天性乐观的陶三发却甘于清贫，潜心教学，致力研究当前教育体制中所存在的种种问题。

陶三发在近三十年的执教生涯中，出于对教育事业的执著，桃李满天下，教育教学成果丰富。

1989 年陶三发就出版了《全国优秀教师示范作文选》一书，发表的各种著作累计达到 50 余万字，同时也是语文特级教师、市管专家。

由于工作出色，1990 年，陶三发升任宜昌一中教务主任，五年之后，被提升为该校的副校长。当副校长期间，陶三发的心中时刻涌动着一股强烈的改革现行教育体制的欲望，勾画着一幅改革的蓝图。

1997 年，陶三发出任宜昌市一中校长，上任第一年，他大刀阔斧地按照心中的改革蓝图一一践行，大力推行素质教育。他提出了"全面发展，终身发展"的教育理念，提升了教育的标准，开设了第一课堂与第二课堂，设计了三张课表作为素质教育的载体，给学生以足够的选择空间与自主权利；构建的每年一届的体育节、艺术节、科技节的平台，给学生提供了锻炼能力、展现风采的广阔空间；相继出台了《素质教育德育评分条例》《班级值周制》《学生表彰条例》等二十多项配套制度，大大创新了教育模式，提升了教育标准；他积极改善教师待遇，新修了两幢教师宿舍楼，极大地激活了教师的发展潜能，增强了教师的优越感；他创新教师竞争机制，建立了教师能进能出、待遇能高能低、职务能升能降的人事制度，使教师队伍充满了活力；他上任后召开的第一次教职工代表大会，在校史上有著名的"十一届三中全会"之称。他是宜昌市乃至于湖北省第一个推行素质教育的高中校长。

事实证明，宜昌一中坚定不移地推行素质教育，带来的是教育教学质量的全面提高和高考成绩的逐年攀升，学校综合办学水平不断迈上新的台阶。纵观一中十年的办学成绩，不论拿出哪一个单项还是综合成果，都是创造了宜昌教育的纪录，铸就了宜昌教育的丰碑。

宜昌市一中九十年校庆前夕，曾经就读于宜昌市一中，著名的哈佛大学博士生、台湾经济顾问田先生回到母校后感慨万千，返回台湾后给陶校长写来了亲笔信，"访问母校虽仅短短三天，但在会谈、参观、阅读校长著作和九十校庆特刊、校史及老师们的文献时，深刻了解了母校在每一历史转折中均有进步和耀眼的成就，在显示历代尤其是现任师长群的卓越贡献，深有此种感受，确系发自内心的认识。"

面对外界的赞誉，陶三发丝毫不敢倦怠前进的脚步。陶三发常常思考这样的一个问题，应试教育和素质教育，学校到底应该更加看重哪种？"应试教育和素质教育同分不同值，在两种教育模式下，两个不同背景下培养的学生可能都以 660 分以上的高分考入北大清华，但是他们仅仅在跨进大学门槛的瞬间是平等的，以后人生的境遇就不平等了，有的把卫星送上天，有的把猪肉卖到家，虽然都光荣，但人生价值毕竟不同！现在每年有 500 万大学生毕业，有的一进入社会就如鱼得水，能创造美好的生活，给家庭给国家带来希望，但每年有 100 多万大学生一离开学校就失业。读书致富和读书致贫，反差是何等强烈！"陶三发说。

陶三发告诉记者，他希望宜昌市一中的每一个学生都能够真正地享受到素质教育，培养综合创造力，增强社会适应力，从而带动自己的家庭、社会乃至国家的富裕、进步、发展。

后记：透析陶校长的这一番话，让记者深切感受到宜昌市一中正因为有了这样一位勇敢无畏的领路人，一生孜孜不倦地追求教育的真谛，敢于攀登并且善于攀登别人望而却步的教育险峰，才演绎了十年来宜昌市一中实施素质教育的辉煌。

（2008 年 1 月 23 日《三峡商报》）

放飞心灵

——湖北宜昌市一中开展科技发明教育纪实

许　丰

　　3月23至25日，是湖北省宜昌市一中举办第三届科技节的日子。一所省级重点高中举办科技节，在大力推行素质教育的今天实在算不上是条新闻，但在一中科技节的展室里，记者被一段文字吸引了：在本次科技节活动中，高一、高二学生1200人共有发明创造项目1095项，其中有123项经专利局审定符合申请专利条件，有35项申报了专利。此外，科技节组委会还收到参赛创新设计方案131项，科技论文84篇，生物与环境探索研究报告60篇。

　　高中学生获得发明专利，以前媒体上也有过报道，但在一所学校如此普及，而且一下就是几十项、上百项，这倒真是件新鲜事。好像是要让记者加深印象，一位女学生主动走过来介绍：为了充分展示一中学生的风采与才能，今年的科技节共设立了9项比赛1个展览，包括发明创造、科学论文、创新设计方案、生物和环境科学探索活动实验报告、车模航模、电子制作、电脑软件开发和动画制作、创新实验技能竞赛，以及科技成果、科技知识、小制作展览。这么多的内容，而且几乎是每个学生都参与其中，作为学校的主要领导，是出于怎样的一种考虑？效果又如何呢……带着一连串的问题，记者走访了该校校长陶三发。

无论是市里的领导还是一中的教师，都说陶校长是个有思想，敢想敢干的人。他说起话来直扑主题："在科学技术飞速发展的今天，学校育人必须考虑社会的需要，不仅要教学生课本知识，更要提高他们的科技素养，培养他们的创新意识、创新精神和创新能力。"1997年，学校投资1000余万元修建了科技馆，同时下大决心打破以往必修课一统天下的格局，将课程分为必修、选修、活动三部分；每节课压缩为40分钟，全年挤出200多个课时用于开设天文、无线电、计算机、植物栽培、环境保护、汽车模型遥控等课程。学校的实验室、图书室、计算机房向学生全天候开放，供他们从事科技活动。

"开展科技教育，关键是要有人，有懂科学又能教学的人。"对这一点，陶三发体会特别深。两年前，一个偶然的机会，陶三发遇到了一个叫罗凡华的年轻人。当时他在宜昌电视机厂当干部，出版过900多万字的电子通信方面的专著，获得过湖北省5项重大科技成果奖，是宜昌市1999年十大新闻人物之一。往深里一聊，巧了！罗凡华竟是一中80届的校友。陶三发像是挖到了一块宝，索性把罗凡华调进学校，并且"因人设事"，让他正儿八经地开了一门叫发明创造的课，高一、高二21个班，每学期一个班一至两节。别小看这门没有大纲，找不到教材的课程，恰恰是它，放飞了学生的心灵，让他们在科学的天空中自由地翱翔。

罗凡华没有上过大学，也不是师范科班出身，但他讲的课学生爱听。说到发明创造，学生们很自然地想到那是科学家的事，可罗凡华却告诉他们，所谓发明，就是创造以前没有的事物和方法。只要掌握了基本要领，每个人都能成为发明家。比如汽车，开始它可能只有几个主要部件，后来人们为它加上了里程表、刹车灯、反光镜、雨刷……使之逐步完善起来，而每增加一个东西，就是一项发明，这种方法叫主体附加法。与之相类似的还有 15 种方法，如发现创造法、异类组合法、同类组合法、移植创造法、专利创造法等等。罗凡华告诉学生，只要掌握要领，你就会发现，其实第一步不难，第二步也不难，合在一起就是一项发明创造。关键是要有自信心，有创造的意识。而老师要做的是不断地鼓励学生，找出他们的闪光点，并提出改进的意见。

通过训练，学生的创造能力有了明显的提高：多用筷子，带计算器的家电遥控器，防滑落螺钉及专用螺钉起子，带打气筒的自行车……一项项达到申请专利要求的小发明诞生了。不仅是申请专利，宜昌一中去年还获得了湖北省发明创造、电子制作、遥控车模比赛 3 个第一名，并且在全国"长江小小科学家发明创造比赛"中名列第二。校长陶三发说，在学生所完成的千余件发明中，真正有价值的很少，能投入生产的更是凤毛麟角。学校是要通过科技活动使学生受到创新教育，它是一个包括思维方式、动手能力、自尊自信等诸方面素质全面提高的过程。如果掌握了一种具体的方法，而没有建立一个"我也能行"的意识，也许他一辈子就只有这一项发明；反之，他就可以举一反三，将来在各个领域都能具有一种勇于探索的意识和精神——这也是宜昌一中增设发明创造课、开展科技活动的根本目的。

（2001 年 4 月 18 日《中国教育报》）

理想教育：人的解放与超越

——湖北省宜昌一中素质教育写意

傅东缨

宜昌一中，坐落于长江西陵峡口三江航道之滨。

走进校门，迎面可见一尊屈原昂坐的汉白玉雕像，雕像以屈原的诗题《天问》为名，向后来学子昭示着求索的真谛。过塑像，在教学楼前的草坪上，耸立着一块三峡大坝基石，上刻斗大一个"实"字，寄托着学校言近旨远的办学追求。

这里的校园生活是那样的异彩纷呈。情趣盎然的发明课和科技活动如火如荼。8 年间，学生发明创新成果 3800 多项，其中 168 项获国家发明专利证书，30 多项获全国发明大赛奖项。学校的艺术体育也有声有色，是宜昌市唯一获教育部表彰的体育先进单位，年年向高校输送高水平运动员，不少学子走进艺术院校的大门。多年来，宜昌一中的教学质量更是远近闻名，教育科研成果斐然。

面对这块播种素质教育的绿洲，记者努力破译其成功的奥秘。最深切的感受就是，学校抓住了理想教育的真谛——人的解放与超越。

学生自治：手脚、心灵与个性的解放

走出死读、死抠的"现代科举"迷宫，弘扬主体，舒展灵性，迸发活力，展现智慧，让学生搭上成长的高速列车。

过去，宜昌一中实行保姆式的管理，大小事都由老师包办。班主任像守护神一样每天盯在教室里。其结果是，学生越管越"懒"：教室里灰尘一公分厚也无人问津，学校每天都有一大堆学生迟到，课间操稀稀拉拉，体育活动形同虚设。

面对自主意识逐渐增强的高中学生，经过认真反思，学校开始尝试学生"自治"。陶三发校长宣布：取消班主任晚自习、课间操、班会的"三到场"，提倡"遥控"管理，班、团、政教处"还政于生"。为了规范行为，落实"自治"，学校在全省第一个实施德育学分条例，对学生道德行为订出操作性很强的具体要求。

今年 3 月，校园电视台报道了高三年级一个叫何丽的阳光女孩。她高高的个儿，圆圆的脸，甜甜的笑。满脸自信，一身活力。何丽是学校排球队队长，不久前全市高中排球赛上，她带领组建不久的一中女排，在处于明显劣势，连输两局的情况下，顽强地反超比分，连扳三局，取得了胜利。

很难想象，这个自信、开朗的女孩，竟来自一个非常困苦的家庭。何丽的老家在湖北黄冈的农村。父母几年前来宜昌租房子住，靠摆果食摊为生。懂事的何丽是父母的好帮手，空闲时常替父母看摊、干活。

何丽一度有些自卑，但在宜昌一中，她逐渐找回了快乐，并且以她的质朴与勤俭影响着周围的同学。每逢大扫除，她都会将同学丢下的空水瓶、饮料罐、废纸收集起来．送到校外废品站换成班费。在她的带动下，其他班的学生也纷纷效仿。"学校给我们创设了宽松自由的环境，在这里我可以充分发挥自己的特长，同学们和谐相处，相互影响和学习。"何丽笑着对记者说。

在宜昌一中，像何丽这样品学兼优的学生不胜枚举，他们都是在学校民主、平等的环境里成长起来的。另一位高三学生王既盈自豪地告诉记者："我校每年举办科技节、体育节、艺术节，还有电视台、广播台、校园网三大媒体，这些都是由我们学生来组织和管理，学生会每学期还要组织三大球赛。"

"你们有那么多时间参加吗？"记者问。

"有啊，每天都有归学生自己支配的选修课、活动课时间。"王既盈一脸的快乐，一点儿也看不出即将面临高考的紧张。

的确，宜昌一中主张将寒暑假、节假日还给学生，将每日自由活动、晚自习还给学生。"我们陶校长曾说过，凡加班加点，占用学生课外时间，以牺牲学生的自由时间和全面发展为代价的行为，既是教师的无能，也是师德低下的表现。"副校长郭永寿说。他给记者算了一笔账：我国普通高中全年教学 40 周，每周 5 天，学生在校学习应为 200 天。"可是很多学校不顾上级三令五申，依然给学生补课，学生一年到头，被关在学校的时间不下 300 天，这等于让学生用四个半学年的时间去完成高中三个学年的任务！"他激愤地说。

有自主时间，有选修空间，有一批身怀绝技的名师点化，又有展示的舞台，更有青春的冲动和相互点燃的创造激情。难怪，学生们把校园说成梦园、乐园、学园、家园……

小电脑迷江海洋是一个非常善于思考的学生，他的脑海里经常挂满了问号：长时间看电脑，眼睛酸痛怎么办？英语老师录制听力材料，如何省时、省力、省成本？背单词怎样不枯燥乏味？盲人如何获取网上最新资讯？

这一连串问题催发了他研究发明的兴趣，他试着用兴趣小组学到的编程知识来设计一个应用程序。指导老师向志勇提醒他通过互联网向网友请教帮忙。在老师和网友的鼓励帮助下，经过无数个挑灯夜战，反复调试，江海洋成功地设计出了一套被他命名为"智能读霸"的程序软件：其中的文本播放器能读任何中英文章；专为盲人创设的浏览器能启动完美的有声网页；按动鼠标，几分钟里，英语听力考试材料便录制完毕；"随心所欲背单词"软件将单词的浏览和背诵整合一块。在第十八届全国青少年科技创新大赛上，江海洋的"智能读霸"荣获二等奖。

爱好艺术的女孩李明瑞梦想成为一个编导，她决定和同学们搞一场时装表演。一切从零开始，他们利用中午和晚上的时间排练：学走"猫步"，体验节奏，变换队形，更新动作，设计服装……她集编、导、演出于一身。艺术节上，他们的时装表演《斑斓一季》获得了成功。随着乐声响起，在七彩的灯光里，一个个富有时代气息的美丽精灵翩翩而至，每一个亮相、每一次变装，都赢得一阵喝彩。"那天晚上演出结束，大家都激动得哭了。"小李告诉记者，她们都被自己的智慧创造感动了，谁也没想到自己那么出色，那是真正属于他们的舞台，也是多么难忘的一种人生体验啊！

政教处主任李大海深有感触地说："过去想组织一场篮球赛或搞个校园晚会，那个叫难啊，谁都不报名，只好点名要求！现在好了，凡有比赛，学生们争着参与，元旦一台晚会都不行，学生哭着喊着要上，只好一个年级一台晚会。"

关注教师：风采、爱心与人格的激扬

告别负重跋涉的枯燥，关注民生，感动生命，享受成功，体味发展，让生活在人性化的舞台上展现精彩。

2003年5月，宜昌一中全校教职员工，分乘几辆大客车，来到深山里的湖北五峰县第二中学。

他们受到了贵宾一样的待遇，五峰县副县长、教育局长亲自到场欢迎，这里的学生也围着他们问这问那。

在"宜昌市一中五峰二中手拉手"的大红横幅下，两校校长分别致词，郑重签订协议，从此结为"亲朋"：宜昌一中的教育教学活动向五峰二中全面开放，并定期派名师到五峰二中指导；五峰二中将作为宜昌一中的社会实践基地。

随后，宜昌一中教师分组走访了五峰二中学生的家，走进那一户户茅屋，与穷苦的山民唠家常，谈致富，说育子经。面对家徒四壁的情景，陶三发心里很沉重。在他的带动下，教师们纷纷拿出钱来捐助这些山里的老乡，感动得山民们热泪盈眶。

从此，宜昌一中教师每年必进深山访贫问苦，与一所所山里学校结对，给一户户贫困生家送温暖。

这是一个周日，校办主任闫明一行9人爬山路，过泥洼，到农村开展社会调查。朴实的村主任介绍了村里的基本情况，并陪同他们走访了几个农户。在16岁的初中毕业生王红艳家里，他们看到破旧的土坯房墙面上有条条裂缝，宽得可透入阳光。斑驳的桌椅久没人用，落满灰尘，屋里除了电灯外没任何电器，屋角簸箕里装着青椒和成色不好的自产橘子。王红艳的母亲病逝了，父亲和姐姐外出打工，家里只有她一个人。前途渺茫的她一边说，一边流泪。耳闻目睹了这一切，大家的心都揪成一团，他们当场为女孩捐了钱，还商议着帮她联系到宜昌打工……

学校把这样的经历作为教师教育的重要内容。自闹市来到山野，从楼阁走进土舍，在贴近乡村社会的过程中，教师们的心灵受到了强烈的震撼和莫大的净化，忧国忧民的情怀在思想深处萌芽。每一次回来，大家无不感到肩头的责任更重了。"只有这样，教师才能够更真切地感受到教育的巨大作用，明白身为教师的神圣，也更加珍惜今天的生活。"郭永寿副校长说。

与此同时，学校也特别关注教师的生活质量。在宜昌一中，教师们不是"两眼一睁，忙到熄灯"，而是个个气质高雅，兴趣盎然，生活得有滋有味。

每天下午四点多钟，是学校规定的教师们个人健身娱乐的时间，乒乓室、游艺室、健身房串串笑声不断。每月一次教工歌舞晚会，每年元旦教工联欢，都能看到教师们精彩的表演。每届科技节、艺术节、体育节上，也少不了教师参与的身影。节假日没有补课的任务，完全是教师们的休闲时光，他们读书上网，外出游览，查找资料，撰写教改论文……

这天晚上，在灯火通明的校体育馆，记者聆听了教工管弦乐队的排练。他们有男有女，有老有少，有中层干部，也有一线教师，各操各的乐器，独择一隅自练。"最前面是学校的退休工会主席、乐队指挥刘家俊；那边打大鼓的是何敬华老师，原来是外县的教育局副局长；正起劲吹小号的是58岁的数学老师董昌俊；不远处手执黑管的白发女教师叫邹云兰，是学校的图书管理员……"陪我前来的学校司机小胡介绍说，"每逢升旗仪式或重大节日，他们的演奏可受欢迎了！"

我走上前去跟邹老师打了个招呼，她乐呵呵地说："大家都是自愿报名，一周排练两次。既放松自己、愉悦身心，又提高了艺术修养。"

对教师的人文关怀使学校有着巨大的凝聚力和吸引力。也正因如此，何敬华老师甘愿从外县辞职，到这里做一个物理教师。他告诉记者："这里人文环境非常好，注重以人为本，教师发展的平台很广阔。"

很显然，告别了周而复始的"家庭—办公室—教室"三点一线、味同嚼蜡的日子，教师们在充满人性的春风吹拂下，在充满人文关怀的阳光照耀下，就会永葆青春激情，更加热爱教育，热爱学校。

课堂互动：智慧、方法与情感的熔铸

摆脱传统教学的"磨道"，原创教法，突破学法，手脑并用，培植自信，让课堂成为师生人格、智慧提升的演练场。

这是年轻教师田静在给高一学生上《红军的长征》。

屏幕上出现红军长征出发的画面：红军扛土枪，戴斗笠，背干粮，在夜雨中跋涉……教师轻唱起《十送红军》。教室先是一片安静，继而跟随老师一起唱起来，大家都沉浸在百姓送红军的依依深情中。

这时候，一个学生提问："既然根据地老百姓这么依依不舍，长征途中有这么多磨难，为什么非要长征呢？"

教师没有作答，而是让学生自由讨论，自主探究。在教师的点拨下，学生们通过讨论，认识到当时由于李德、博古的错误军事指挥路线，红军陷入敌众我寡、被动挨打的局面，被迫长征，同时也理解了遵义会议的伟大意义。

屏幕上，红军会师了，师生们激动地唱起了《长征》。

理解了长征的艰巨与伟大，学生们无形中也感受到今日生活的来之不易，在耳濡目染中，道德情感受到了一次强烈的震撼。

下课时，前来听课的陶三发校长高兴地对田老师说："这节课讲得很好，充分体现了情感、态度、价值观的融合。"

的确，宜昌一中的教师们从不拘泥于传统的教学方法，他们总是力图用富有感染力和吸引力的课堂，让师生在互动中体验学习的快乐。

数学教师易华丽赴省会参加青年教师教学竞赛，在《函数的单调性》这一课中，她利用多媒体课件巧设情景，面对一群陌生的学生，课堂教学环节流畅舒展，教师激情四射。应变自如；学生情绪高昂，积极探索，不时引得听课者鼓掌喝彩。最终，这节课以理念新、教法活而被评为一等奖。

教书与育人是密不可分的，宜昌一中的老师们懂得：高质量的教学就在于激活学生的内在潜质，培养出鲜活的高素质的人。

青年教师吴清华的班上有一个男生小胡，初中时曾在美国学习交流三个月。回国进入宜昌一中后，他与学校、老师、同学产生了明显的冲突。他觉得教学制度太苛刻，课堂上应该允许睡觉、看课外书和吃东西，晚自习应该回家学，认为同学崇拜港台歌星太"浅薄"。都上高三了，他一点儿也不操心学习，每天乐此不疲地画画、听音乐……让父母既担心又失望！

"在这个学生身上，凸显了中美教育的激烈碰撞，我们应该在宽容中引导他的个性发展。"吴老师说。经过认真分析，他做出了一个大胆的决定，请学校同意该生晚自习回家自学。同时，吴老师一方面鼓励他对音乐和绘画的爱好，另一方面善意地提醒他，最好不要影响学习。老师的理解与宽容打开了小胡的心扉。他喜欢与多才多艺的吴老师谈心，经常把自己写的生活随想拿给吴老师阅读。师生畅谈中美教育、谈人际关系、谈个性修养……朋友式的交流，使小胡逐渐调整了心态，融入了学校生活，和家人、同学相处也日渐融洽，毕业后升入四川大学。

外语教师靳青发现学生小李情绪沮丧，听课心不在焉。下课后，她悄悄地找到躲在校园一角的小李。吃惊地发现他正用玻璃片划自己的手腕，弄得鲜血直淌。靳青连忙带他去医务室处理，没有批评他，而是关切地询问他有什么不快乐？小李闷闷不乐地说："我没被选进校足球队，不爽！"

"你跟谁学的？"靳青问。

"《安妮日记》里的主人公就是这样宣泄压抑的！"小李说。

靳青这才发现，小李的两腕已被割得伤痕累累。原来他稍不顺心就割腕：考试没考好，丢了东西，和同学闹了矛盾……

靳老师觉得，问题的真正原因是学生心理封闭、缺乏正确的情绪宣泄渠道和心理调节能力。"如果看得起我的话，你再感觉不爽，就找我来谈心，好吗？"靳青像朋友一样对小李说。

同时，靳青还特意关照别的学生，让他们多关注小李，接近他，了解他。此后，小李每每不开心，真去和像大姐似的靳青谈心。针对小李的性格特点，靳青也总是单刀直入地指出他的问题所在，每每让他心悦诚服。

如今，靳青经常能收到来自北京第二外国语大学小李的充满真情与感激的来信……

和谐管理：理念、策划与举措的创新

摒弃单靠规矩严、看管死的治校方略，立足人本，关爱灵魂，经营和谐，让校园成为师生和谐共生的生态园。

宜昌一中沿着素质教育的赛道快速奔跑，仰仗校长陶三发这样的精神砥柱。

陶三发，语文特级教师，1982年大学毕业后来宜昌一中任教。他思想敏锐，心胸开阔，性格爽朗，胆识过人。身为一校之长，他一直致力于攀登素质教育的高峰，始终对教育保持着激情与执著。

和谐是陶校长治校的一个目标。在他的理念里，师生的生命和谐、人际关系和谐、发展和谐，不但要追求，更要去经营。对学生，他最大限度地给予发展的自由空间和时间，让蓬勃的青春尽情张扬。对教师，他不惜购置各种教学和生活设施，投入重金搞培训，鼓励他们读书进修和出专著，让教师既在专业上得到发展，争做名家，又让他们学会享受生活，拥有充实而快乐的人生。

这种充满人文关怀的和谐管理，既有教育改革家的眼光，也有企业家的运筹。

然而，陶三发并不排斥以竞争激活大家的创造性。学校实行了干部可上可下、人员可进可出、职称可升可降、收入可多可少的全员聘任机制，三个年级组和政教处、教务处，就像五支舰队，你追我赶。

这与和谐管理岂不相悖吗？面对记者的疑问，陶校长回答说："高层面的和谐不是庸人、智者无差别的握手言和，而是在充满人性化的竞争中各显其能，让创新的人脱颖而出，让后进的人发愤。"

既有和谐，又有竞争，宜昌一中就像一汪活水，平静中涌动着生命的波纹。

而到宜昌一中考察的人，无不为这里有序的管理风格所打动！

一次毕业典礼，中途恰逢一场急雨。操场上打伞的、没伞的师生都不为所动，典礼继续进行。当主持人宣布唱国歌时，伞"哗"地收了起来，所有人肃立在雨中，激昂的国歌声穿过雨声，响彻在校园里。

去年11月，省中学生篮球赛要在宜昌一中举办。市教育局领导很担心，男女三十多支球队的接待、五六百人的食宿安排、开幕式和闭幕式的设计，学校只是给教育局主管领导汇报过一次，能有把握吗？一中人成竹在胸，比赛自始至终都有条不紊，开幕式和闭幕式都安排得十分精彩，也一点儿没看到校长忙得焦头烂额。省教育厅体卫处的干部高度褒扬说："这是迄今为止我参加的最有秩序、最为周到的比赛。"

对此记者也感同身受，在学校第七届科技节的三天里，头脑奥林匹克、电子制作、科技展板、电脑作品、现场水火箭发射等各项比赛场馆里，既热闹非凡又忙而不乱。"我们事先只是开了个简短的准备会，只要定时间，定标准，定责任人，不用督阵，也不用检查，一切都有条不紊。只知道整天忙忙碌碌抓事务的领导，肯定不是好领导。"陶校长对记者说。

而作为一校之长，陶三发每天自有他的"三抓紧"：抓紧学习、调研和思考。

一次在食堂吃饭，他发现一个男生只买一碟小菜。经调查和了解，该生父母都已下岗，学校里像这样的贫苦学生有不少，他们有的很难交得起书费。掌握了这些情况，一个建立"贫困生救济基金"、不让学生因经济困难而辍学的计划立刻在他心里诞生了。几年里，这项基金帮不少学生走出困境。

与此同时，不知多少个夜晚，陶三发在校园里一边巡视，一边反复思索着科研兴师、科研立校的策略。近来，学校决定扩大每周的研究性学习课，让研究性课题进入每一学科、每一节课，引导教师教学走上科研化之路。这一尝试就是来自于他漫步校园时产生的灵感，从而引发了一中教学模式的大革命，也迎来了全国"研究性学习进入第一课堂"现场会在宜昌一中的召开……

宜昌一中这台交响乐华章，在陶校长的思想、人格、智慧的作用下，在全校师生的共同参与下，奏响美妙的素质教育旋律。

一位好校长，一个好班子，一支好队伍，开创了今天宜昌一中人的解放与超越之路。我们有理由相信，明天，他们将续写更壮美、更神奇的教育篇章……

（2005 年 12 月《人民教育》）

一座素质教育的丰碑

　　题记：在刚刚召开的党的十七大会议上，胡锦涛同志在大会报告中指出："要全面贯彻党的教育方针，坚持育人为本、德育为先，实施素质教育，提高教育现代化水平，培养德智体美全面发展的社会主义建设者和接班人，办好人民满意的教育。优化教育结构，促进义务教育均衡发展，加快普及高中阶段教育，大力发展职业教育，提高高等教育质量。更新教育观念，深化教学内容方式、考试招生制度、质量评价制度等改革，减轻中小学生课业负担，提高学生综合素质。"从 1999 年国家提出素质教育，到十七大作为我党的方针进行贯彻，素质教育已经成了关系我国国计民生的百年大计。

精细化管理是宜昌一中活力之保障

　　沧海横流，方显英雄本色。1999 年，党中央和国务院作出关于深化教育改革全面推进素质教育的决定时，全国上下掀起了一股素质教育的热潮，一时间，"素质教育"成为人们耳熟能详的词语。

　　转眼七年过去了，素质教育仿佛一座无法攀缘的高山，横亘在我国教育的面前，山脚下的应试教育仍然大行其道，真正坚持推行素质教育而不动摇的学校，实在是寥寥无几。这种状况让全国的有识之士无不扼腕叹息——对于国家对于中华民族对于广大的人民百姓有百利而无一害的素质教育，难道永远是一个教育空想？难道党和国家推行素质教育的坚定意志终会是一纸空文？

仿佛沙漠上一片耀眼的绿洲，绝壁上一面跃动的旗帜，在大家望而却步的远方，宜昌一中正奋勇前进！该校竟然从1997年开始率先实施素质教育，正如去年湖北省政府教育督导室对一中评价的那样："即使在社会的压力、家长的质疑、校际的竞争等外在环境因素影响下，学校仍坚持不懈、义无反顾地前行。"整整十年，筚路蓝缕，风雨兼程，一路辉煌！这所学校给我们留下了一系列的谜团：是一种什么力量使这所背负着沉重的高考升学任务的重点中学敢于走上素质教育之路？是一种什么力量支撑着这所学校把素质教育演绎得如此绚丽多彩？带着一系列的问题，笔者深入到宜昌一中进行采访，试图破解这所百年名校的活力之谜。

已经是下午6点，数学组的几名教代会代表仍然围坐在一起，他们身后，几名年轻教师也是神情专注。他们手上，是教代会提交的文件，热烈的讨论之后，组长负责整理好意见，晚上7点，这些意见将汇集到主席团会议。几经修改，这些文件将接受全体教代会代表的最后表决，一份份规章制度就是这样相继出台。据统计，仅2001年以来，宜昌一中制定各项规章制度达150项之多，这些制度包含了学校教育教学、行政后勤管理等各个方面，用于规范教育教学和日常管理活动，是学校得以持续发展、保持生机活力的有力保障。该校的各项管理工作，最显著特点就是"精细化"，而精细化管理带来的直接影响是，教育教学工作的落实到位与工作效率的不断提高。

周一下午是地理组的集体备课时间，这一天，高三备课组像往常一样在办公室认真研究本周的教学安排。主讲龚学灿老师向大家详细陈述了提前准备的课程计划、重点、难点以及突破方法、练习设计。经过大家仔细研究后最终确定了本周安排，备课组长任利平慎重地签上了自己的名字，在第一时间送达教务处备案。这只是宜昌一中常规教学中的一个十分普通的细节。在一中看来，第一课堂是学校教学工作的基础，是深入开展教育教学改革、全面推行素质教育的基本保证，必须实行精细化的管理，杜绝任何随意性，以全面提高教学质量。近年来，宜昌一中出台了《宜昌市一中教学常规管理条例》《宜昌市一中教师教学评估条例》等，针对已往第一课堂教学中需要改进和提高的薄弱环节，重点强化第一课堂备、教、改、辅、考、评等环节的规范化管理，注重教学各个环节的落实到位，向 40 分钟要效益，这就能够为学校实施素质教育腾出足够的时间。

一大早，103 班的张宇就坐上了 2 路车，看看手表，时针指向6:50，这个时间足以保证他在 7:20 前赶到学校。一路顺利，7:15 分张宇准时到达校门，不过值日生挡住了他，"对不起！你没有穿校服，不能进去"。值日生的话没有任何商量的余地，张宇傻了眼，万万没有想到自己会犯这样的低级错误，张宇知道，学校的规定十分清楚，学生在校必须全天候穿着校服。懊恼的他只好打电话回家让家长送校服过来，在门房换过后才得以进入学校。这一次，张宇进教室时已经迟到了 20 分钟。这就是制度，学校德育工作的基本保障。

在市场经济大潮中，德育工作面临严峻的挑战。采取关门主义，如绝大多数学校一样实行所谓封闭式管理，割断学校与社会之间的基本联系，这对学校来讲固然省事，但这如同我国改革开放前的闭关锁国，只会导致落后。邓小平同志的教育"三个面向"，决定了教育必须开门办学。"关门办学如何做到三个面向？这与培养范进和孔乙己似的悲喜剧人物的科举教育有何区别"？提起关门主义的应试教育，宜昌一中校长陶三发稍稍有些激动。既要得开门办学的无穷之利，又要避免开门办学之有限弊端，这对于宜昌一中这样一所走读生居多的学校的管理来说，是需要付出更多汗水和智慧的。该校经过多年的探索，已经找到了一套行之有效的管理模式。《宜昌市一中素质教育德育评分条例》，始于 2003 年秋季，《条例》将《中学生德育大纲》和《中学生日常行为规范》的要求分解成可操作的 130 多个条款，涵盖了学生在校学习生活的各个方面，是对学生德、智、体、美、劳的综合性评价。这个评价与学生的升学奖惩挂钩。《条例》的施行，使学生的日常行为规范的管理有了具体的抓手，将学生的自我管理引向深入。这是针对德育说教化空洞化的痼疾而采取的使之实践化实效化最重要的一招。这一招开湖北省中学德育工作之先河，已为省内外很多学校所仿效，使多年吃力不讨好的德育发生了质的变化。

"老师好！"两排阳光少年身着白色的校服整齐地站在校大门两侧，迎候着每一位进校园的师生。这是 209 班部分同学在履行值周的职责。他们神清气爽，热情洋溢，令人精神为主一振。《宜昌市一中班级全员值周制》，是一项颇有特色和实际效果的学生管理制度，该制度规定，每周由一个班级的全体学生参与学校的日常管理活动，包括校门值周、学生考勤、环境卫生、食堂就餐、学生就寝等，哪里有管理，哪里就活跃着学生的身影。管理不是教师的专利，"还政于民"，让学生充分享受学校管理这一宝贵资源，在管理实践中实现自治自立自强能力的提高，这是该校有别于应试教育学校保姆式教育的鲜明特色。这一下又解决了我们心中的一个疑问：为什么开放的一中校园活而不乱？为什么一中学生深悉文武之道？为什么丰富多彩的素质教育进一步带来了更高的高考升学率？值周班学生的回答很耐人寻味："反正到了一中这个环境，我们不管是多么调皮的同学都变得非常自觉，不自觉不行啊！"浓厚的人文氛围，加上严密的管理制度，形成一种"不自觉不行"的强健机制，或许这就是一中魅力之所在。

"像一中这样所有学生统一着校服，看不到长头发、黄头发，听不到一句脏话的学校，在宜昌市乃至湖北省都不多见，它让我们看到了一中严格的管理和一中学生良好的精神风貌。"今年 9 月 19 日一中对外开放日，一位家长在参观一中校园后发出这样的感叹。学校德育管理严格而不失科学，学生学习生活严谨而不失活泼，这就是宜昌一中所追求的一种境界。

"一切从一开始！"让每一个老师都发挥最大的作用，让每一个学生成长进步，让每一节课激发学生求学的激情，让每一道练习题都产生举一反三的效果，不让任何一道多余的习题成为学生无谓的负担，让每一度电都发挥最好效益……这或许就是一中素质教育之有力保障的精细化管理内涵之所在。

一流教师队伍是宜昌一中活力之支撑

俗话说：艺高者胆大。敢于攀登并且善于攀登别人望而却步的教育险峰，这样的学校无疑是藏龙卧虎，师资雄厚。2006 年，刚刚 40 岁的朱学恒老师成为一名年轻的外语特级教师，这位 1987 年毕业于湖北大学的毛头青年，在经过一中 20 年的打磨后已经成为省内外知名外语教师。在他头上，还有很多光环：中学正高职称、市级学科带头人、市中考命审题及课改专家组成员。其实，在一中，教学功底达到朱学恒老师这一水准的还有很多，仅仅因为受名额限制，他们未能获得应有的学术及荣誉称号，但他们的教学备受学生及家长肯定，他们和朱学恒老师一起构筑了一中高水平的教师队伍。"一中教师很文雅，有风度，知识分子味很浓"，记者采访部分学生家长时总听到如是评价："他们爱自己的学校，为一中感到自豪，但他们绝对没有气急败坏的诋毁，这是我们在面对招生宣传大战时坚定地选择一中的一个重要原因！"这还是印证了"学高为师，身正为范"这句话的深刻含义。

"问渠那得清如许，为有源头活水来"，高素质的教师队伍，得益于学校在师资队伍建设方面所做的积极努力与探索。《宜昌市一中新教师培养方案》《宜昌市一中骨干教师评选办法》《宜昌市一中名师工程方案》，这些规定性兼激励性的规章制度，对教师的培养目标和发展方向以及考核鉴定都作出了明确规定，使所有教师发展目标明确，发展动力充足，保证学校始终拥有一支综合素质优良、年龄结构合理的教师队伍，为实施素质教育提供强有力的智力支撑。学校现有特级教师3人、湖北名师1人、省级骨干教师2人、宜昌市正高职称5人、历届宜昌市学科带头人15人。14人次获全国优质课竞赛一等奖，20多人获北省优质课竞赛一等奖。有一半以上的教师经常在省级以上专业刊物发表文章，他们主编的新课改丛书《主题探究导学》已在全国数个高中新课改的省份发行。"这样的师资队伍，即使被一中淘汰出局到了沿海学校，也是佼佼者！"一中一位青年教师骄傲地说。

宜昌一中的教师爱岗敬业，体现在对教育事业的高度责任感上，体现在对学生的无限关爱之中，他们用自己的爱心和热情，谱写了一曲曲感人的乐章。

闫拥军，一名优秀的化学教师，市首批学科带头人，2003年从枝江一中来到宜昌一中，2006年起开始担任"阳光班"班主任，这个班将近一半学生是来自县区的贫困子女。闫老师知道，这些孩子除了关爱，最需要的其实是健康的心态。他们在一中应该找到家的感觉，而不仅仅只是承受来自社会关爱的巨大压力。一年多来，闫老师全身心地与这个班级融为一体，帮助他们树立远大的理想，建立良好心态，养成正确的学习、生活习惯。周末，这些孩子难以回家，如何安排好这些学生的学习、生活就成了闫老师的一件大事。组织自习、补习薄弱学科，或者参加社会公益活动，闫老师的安排总是井井有条。当大多数人在家里享受难得的周末时，闫老师却在教室里给学生耐心辅导、在街头带领学生清理垃圾、在磨基山上和学生一道摇旗呐喊。学生小郑身体不好，闫老师一次次带他去医院检查，有时甚至掏钱垫付医药费。"闫老师就像父亲一样，与父母比起来，他甚至还要耐心得多，感谢学校给我们安排这么好的老师。"在评教评学中，阳光班的孩子这样评价着闫老师。

已经是晚上 10:30 了，当天值日的陶三发校长在离开学校前习惯性地转到了学生公寓，意外地发现 302 班班主任李娅老师还在公寓门前焦急地守候。一位县区住校生还没有回寝室，教室早已熄灯，孩子会去哪儿呢？李娅老师一边四处打电话寻找，与家长保持紧密联系，一边焦急地等候，一直等到 11:30 这个学生安全归来。原来，该生因为重感冒，下晚自习后实在难以支撑，给宜昌的亲戚打电话让亲戚带她到医院输液。她知道李老师的孩子还小，不忍心打扰，谁知竟让李老师如此担忧！当这位学生在亲戚的陪同下回到公寓，见到焦急万分的李老师时，感激而又愧疚的泪水不禁夺眶而出。

凌晨 5:40，家住伍家岗的 308 班班主任刘俊岭老师就起了床，6:00 出门，7:00 准时进校，7:10 分，几乎和最早的学生同时进入教室。当班主任的四年时间，不管酷暑还是严冬，刘老师总是始终如一，以至于班上的学生将他比作英国那种最古老的大笨钟，因为在学生心目中，这种钟最为准时。一天准时不稀罕，一月准时也不难，但四年如一日，则可于平凡中见其精神的可贵。女儿已经一岁多了，但不怎么认得爸爸。每天天不亮他就出门，晚上繁星满天才进门，孩子都在睡梦中，很难见到他一面，他很愧对爱人和女儿，但他为对得起学生而感到欣慰，感到无悔。

已经是下午 6:30，陈爱红老师到了教室，她要陪学生看完中央电视台的《新闻联播》之后，7 点多钟才回家吃饭。这位湖北省优秀化学教师、奥赛金牌教练、宜昌课改专家成员、多年的化学组教研组长，本已是功成名就，却在 2007 年秋季欣然接受高一"阳光班"班主任一职。担任班主任，意味着早出晚归，意味着每天十三四个小时的工作时间，这种长年累月超负荷的运转是常人难以承受的，而一中的老师，特殊的身份注定了他们别无选择。

"我知道，当班主任，尤其是阳光班班主任，意味着每周 7 天不会有什么休息时间，意味着家庭责任的几乎完全放弃。但面对班里 60 多位学生以及他们身后 60 多个家庭的热切期望，我没有理由回避，只能尽心尽力做好这份工作。"这是陈老师在一次家长会上对家长们的真情流露。

为了手中这份神圣的工作，几乎所有的青年老师都推迟婚期、孕期，十几个女教师将才出生的孩子送回老家给爷爷奶奶抚养；为了使一中学生"一个都不能少"，自 1999 年以来，一中所有的党员每月捐出 5 元钱，更不知多少普通教师默默资助着特定的贫困对象……

就是这样一支对国家的富强、千千万万个家庭的幸福充满责任感，默默奉献的教师队伍，在有力地支撑着一中的素质教育，他们支撑的又何尝不是国家的未来呢？

采访中，记者还惊奇地发现，一中老师还多才多艺。他们的教工管乐队经常参加大型演出活动，让人刮目相看；每年元旦教职工迎新晚会吸引了很多市民的目光；在今年城区首届中学教职工田径运动会上，他们独得 19 金，几乎揽走金牌的一半，让人感觉这是为一中开了一次运动会……

"要想培养有活力的学生，就必先培养有活力的教师；要想培养有创造力的学生，就必先培养有创造力的教师；要使学生实现一生的可持续发展，就必先促进教师一生的可持续发展……"陶三发校长总是从人道的教育发展观来进行一流的教职工队伍建设。

累累硕果是宜昌一中素质教育不懈追求之回报

"素质教育有利于国家、有利于民族、有利于学生，不就是有那么一点降低升学率的风险吗？我们要以全面发展的成果把这一风险降至为零！"陶校长的话不无豪迈。事实证明，宜昌一中坚定不移地推行素质教育，带来的是教育教学质量的全面提高和高考成绩的逐年攀升，学校综合办学水平不断迈上新的台阶。从《中国知识产权报》把一中赞为"全国发明创造第一校""全国专利第一校"，到中央电视台开专栏介绍一中科技发明创新作品；从宜昌市老牌的教育行家符利民称赞"一中现象"，到著名教育家傅东缨在其著作《教育大境界》中评价宜昌一中创造了素质教育"神话"……国家级督学曾庆宏在宜昌一中省示范学校督导复评反馈意见中指出："宜昌一中坚定不移地走改革、创新、发展之路，取得了十分可喜的办学成果，积累了十分宝贵的办学经验"。两个"十分"是曾督学在所有接受督导评估学校中给予的最高评价。在 1996 年、1998 年、2005 年三次获得湖北省文明单位后，2007 年，宜昌一中又喜获湖北省最佳文明单位荣誉称号，这也是对该校近十年办学水平的最好诠释。

"百姓最关心的还是升学率啊，素质教育是否让贵校付出了牺牲升学率的代价？"记者有些单刀直入地插问。面对这样的问题，陶校长显得非常平静："几乎 80％以上的人都有过你这样的疑问，这很正常，不然为什么大家都不敢实施素质教育呢？但我校十年素质教育，十年高考大丰收。就以误传最多的 2007 年高考来说吧，你可以看看这本材料——"记者从他手中接过一本 2007 年的《湖北教育》，这是由湖北省教育厅主办权威性刊物。翻到"2007 年普通高考高分学校人数分布"时记者看到，全省 2007 年高考理科前 2000 名和文科前 1000 名入围学生数靠前的学校，理科强校 21 所，文科强校 23 所，全省文理科双双入围的共 11 所学校，宜昌一中是宜昌市唯一文理两科双双入围的学校。更令记者赞叹的是，其他双入围学校无一不是在大辖区招生学校，只有宜昌一中仅在狭小的宜昌城区招生，这样的生源出这样的成绩，你说是"神话"并不过分！

在与兄弟学校相比整整少去了一个额外招收的云集鄂西优质生源的宏志班的情况下，今年宜昌一中应届考生 600 分以上 68 人，660 分以上高分 4 人，均列宜昌市第一。以 2004 年宜昌市教育局统一划线录取的学生比较，宜昌一中重点大学（一本）上线率高出城区第二名 5.8 个百分点。即便考虑宏志班，一中仍然高出城区第二名 2.32 个百分点。

新世纪头七年时间，宜昌一中向清华、北大两所著名学府输送 53 名学子，一所学校独占城区考入两所名校比例的 62%。

"应试教育学校只有升学率，素质教育学校的成果远不止升学率！"教育家傅东缨这样评价。多才多艺的一中老师培养了多才多艺的一中学生。

学科竞赛独步宜昌。2001 年以来，宜昌一中学生在全国数、理、化、生、信息技术奥林匹克竞赛、科技创新大赛、新概念和圣陶杯作文大赛中获得的一等奖数量，占全市 80% 以上。以科技创新为例，易寒飞的作品《网络精灵》，获 2003 年第十八届全国青少年科技创新大赛二等奖、2004 年全国第四届"明天小小科学家"评比活动一等奖；江海洋的作品《智能读霸》获 2003 年第十八届全国青少年科技创新大赛二等奖；高山俊健的作品《爱心浏览器》获第八届全国中小学电脑制作大赛高中组二等奖。他们都因此获得了重点大学保送资格。另据了解，截至目前，宜昌市 2008 届毕业生已经取得重点大学保送资格的 3 名同学，全部来自宜昌一中。

体育竞赛名扬荆楚。2001 年以来，宜昌一中获全省田径运动会团体亚军一次，13 人次获全省田径运动会金牌，2002－2004 年连续三年，该校独立组队代表宜昌市参加全省中学生篮球赛，双双获得前三名的优异成绩。

一中的学生在升入高校后，因能力突出，发展后劲足，在高校担任学生干部的比例非常之高，属于阳光活力型的佼佼者，有着很强的竞争力。仅近几年进入哈佛、牛津、剑桥三所世界知名学府读博的一中校友就有 6 人之多。2005 年宜昌一中张雪同学作为我国青少年代表出席全国在北京举行的"青春与知识产权同行"宣传教育活动，并在开幕式和闭幕式上分别宣读倡议书和《长江宣言》，受到全国青少年的羡慕。现在已是武汉大学学生的她，已经成功地当选为校、院、系三级学生会干部。

在采访中记者得知一个消息，宜昌一中 2005 届考入清华大学的两名学生廖庆子、牛少卿，于今年 9 月初分别被清华大学选派到香港城市大学和香港中文大学交流，他们将在那里进行为期三个月的学习。在他们当年班主任吴清华老师的帮助下，记者与牛少卿取得电话联系，牛少卿告诉记者，这次能够被选中到香港交流，与自己在高中时期注重能力素质的培养和锻炼有着很大关系，香港地区大学十分看重学生的综合素质。这也是他能够从众多报名学生中脱颖而出的关键因素。廖庆子，高中先后两次获得全国新概念作文大赛一、二等奖，并因突出的个人综合素质取得清华大学自主招生资格，现在清华大学学习成绩排名年级靠前，同时担任多项社会职务，她在香港城市大学学习期间，所有课程均用英语与教师交流。

纵观一中十年的办学成绩，不论拿出哪一个单项还是综合成果，都应该是创造了宜昌教育的记录，我们宜昌教育的丰碑由此铸就，我们不能不景仰！不能不骄傲！

"应试教育和素质教育同分不同值，教育家对这一点的认识高度一致。应试教育的升学率就像以高耗能高污染为代价所追求出来的 GDP 一样，它是一种让学生付出身心健康的沉重代价的被污染了的升学率；而素质教育则是身心健康全面发展基础上的绿色升学率。在两种教育模式下，两人都以 660 分以上的高分考入北大清华，他们仅仅是在跨进大学门槛的瞬间是平等的，以后一辈子的境遇就不平等了。有的把卫星送上天，有的把猪肉卖到家，虽然都光荣，但人生价值毕竟不同。现在每年近 500 万大学生毕业，有的一进入社会就如鱼得水，能创造美好的生活，给家庭给国家带来希望，但每年有大量大学生一离开学校就失业（2007 年全国大学毕业共 495 万，其中 144 万未能就业）。读书致富和读书致贫，反差是何等强烈！"说到这里，陶校长有些激动。

"少年智则国智，少年富则国富，少年强则国强，少年独立则国独立，少年自由则国自由，少年进步则国进步，少年胜于欧洲，则国胜于欧洲，少年雄于地球，则国雄于地球。"每次给学生训话，陶校长总不忘引用梁启超先生的名言告诫他的学子们。以强烈的使命感致力于国家的强盛，人民的幸福，这应该是解开一中毅然抛开驾轻就熟的应试教育，选择充满挑战的素质教育之谜的第一把金钥匙吧！

（2007 年 11 月《三峡商报》）

宜昌一中,一面素质教育的旗帜

——辽宁省铁岭市教育考察团参观宜昌一中侧记

2007 年 11 月 26 日早晨 7:50 分,辽宁铁岭市教育考察团的 40 多位成员,在铁岭市教育局局长李宇娟的带领下,慕名前往宜昌一中考察该校的素质教育。考察团在宜昌一中的半天的活动时间被安排得满满当当:观摩升旗仪式,参观校园,听取校长素质教育经验介绍,与教务处、政教处和各教研组的老师们面对面座谈。时间太短也许正是考察团成员此时共同的感受。

活动结束之际,考察团还与宜昌一中达成两项协议:一是铁岭市教育局将从 2008 年开始,每年选派 10 名校长和教师到宜昌一中学习培训 2 个月;二是邀请宜昌一中陶三发校长今年寒假期间到铁岭讲学 5 天。

上午 8:00,宜昌一中国旗班的同学们护卫国旗,迈着整齐的步伐走向升旗台,他们英姿飒爽,精神抖擞,让人感受到了一中学子的生机和活力!考察团成员纷纷举起手中的相机,他们要记录下这一庄严的时刻。了解宜昌一中,了解宜昌一中的素质教育,就从这里开始了。"整个活动过程全部由学生自主完成,升旗仪式纪律秩序井然,内容十分丰富,真了不起啊!你们一定得好好给我们传授经验呢。"升旗仪式活动一结束,考察团团长、铁岭市教育局局长李宇娟就对前来迎接的宜昌一中陶三发校长树起了大拇指。

随后，客人们顺次参观了一中校园。书香馥郁，闹中取静，惠风轩、化雨亭、绿树掩映下气派现代的教学图书大楼、屈原雕塑、欧阳修像……既有着浓厚的现代气息，又不失古典韵味，宜昌一中百年名校的历史积淀显现无疑。

"陶校长，请问你们学校面积多大？"考察团的一位客人问道。

"整个校园面积 80 多亩。"

"校园面积不大不小，但整体布局合理，显得相当精致！""身处这种环境之中，学生就是不想学习都不行啊。"两位考察团的成员感叹道。

来到科教馆，考察团一行先后参观了宜昌一中校史陈列室、荣誉陈列室和素质教育展厅。在素质教育展厅，当看到一中学子和宜昌一中科技发明创新获得的一项项全国大奖和荣誉时，考察团成员纷纷向陶校长寻求"秘籍"，"我们在这方面是无心插柳啊"，陶校长微笑着向客人们介绍说，"学校举办科技节的出发点就是培养学生综合素质，不以竞赛获奖为目的，却往往能收获更多的惊喜啊！"

"关键是要形成浓厚的科技创新氛围，有了基础，出成绩是水到渠成的事了"，一旁的李宇娟局长接过陶校长的话，也许，在李局长心中已经有了举办首届铁岭市中小学科技节的想法。

上午9:30分，宜昌一中办公楼二楼会议室，陶三发校长正向考察团的客人们介绍素质教育实施情况。

"你们的素质教育达到了这种境界，这个我们早就听说过，而你校高考升学率越来越高，这却让我惊讶，这里的奥妙在哪里？"

"我们有以制度为核心的一个强健的运行机制，确保学校既有高档次的素质教育，又有更高的高考升学率，这个一点也不神秘！"

"你校的教师能适应素质教育的要求吗？"

"我们的教师培养有一套体系，在这种体系中成长起来的教师即便被淘汰了，也能到沿海城市找到满意的工作，并成为骨干。"

"宜昌一中德育工作成效显著，能介绍一下你们的具体做法吗?"

"我们于 2003 年秋季开始实施《宜昌市一中素质教育德育学分制条例》，这是一项开湖北省中学德育工作先河的举措……"

会场的一问一答，宾主就宜昌一中素质教育的保障机制等进行了热烈讨论。稍后，应客人们的要求，一中一批中层干部和教研组长也到会场回答问题，把会议气氛推向高潮。临别，客人们纷纷同陶三发校长合影留念。

据悉，辽宁铁岭市教育考察团在湖北省考察了黄冈中学和宜昌一中两所学校，是专门慕名而来的。

"祝愿宜昌一中再创辉煌，引领铁岭教育同仁奋力前行。"辽宁铁岭市教育考察团在宜昌一中校史陈列室留言簿上留下了这样的话。

宜昌一中喜庆百年华诞

——李佑才、韩景阳、潘垣、岳世鑫、郭有明、
李乐成、李泉等出席庆祝大会

本报讯（记者淡燕子）10 月 3 日，宜昌市一中喜迎百年华诞。来自
全国各地的 7000 名各界人士、校友和该校近 3000 名师生，欢聚一中校
园，共庆美好时刻。

湖北省政协常务副主席李佑才，湖北省社会主义学院院长黄利鸣，
省教育厅副厅长黄俭，市委书记、市人大常委会主任郭有明，市委副书
记、市长李乐成，市政协主席李泉，市委常委、常务副市长郑超，市委
常委、市委秘书长马学军，市委常委、宜昌军分区政委闵捷等出席庆祝
大会。大会由副市长张永红主持。

清华大学党委副书记韩景阳、三峡大学党委书记刘德富、湖北大学
副校长邓长青等嘉宾，中国工程院院士、华中科技大学教授潘垣，解放
军某部政委岳世鑫少将，解放军总参谋部某部张孝成少将等校友代表出
席庆祝大会。在主席台就座的还有省纪委、部分高校、市人大、市政协
的有关领导。

教育部、湖北省人民政府、省教育厅、北京大学、中国人民大学、中国科技大学、复旦大学、长江三峡集团公司等 200 多家单位发来贺电贺信，送来祝福！

庆典仪式上，黄俭代表省教育厅、郑超代表市委市政府讲话。他们说，宜昌市一中迎来百年华诞，是宜昌教育界的一件盛事。宜昌市一中 1910 年建校以来，作为鄂西地区国民基础教育的发源地，形成了坚持不懈为国育才的办学宗旨，成为荆楚大地上一所办学特色鲜明、充满生机和活力的学校。希望宜昌市一中以百年校庆为新的历史起点，充分发挥试验示范与典型引导作用，努力把学校建设成为全省素质教育的样板、人才辈出的摇篮、求实创新的典范。

韩景阳代表嘉宾讲话，她说，宜昌市一中是一所具有光荣传统和悠久历史的学校，为国家培养了一批批优秀的毕业生，希望宜昌市一中在新的起点上创造新的辉煌。潘垣代表全体宜昌市一中校友，感谢老师们的谆谆教诲和无私奉献，他希望同学们继承百年一中优秀传统，志存高远，努力学习，用优异成绩回报母校，用卓越的贡献报效祖国。市一中校长陶三发在欢迎词中表示将为培养具有中华灵魂、世界眼光的高素质人才而努力奋斗，让每一个从一中大门跨入社会的青年学子成人成才、一辈子健康幸福。

在喜庆的气氛中，出席庆祝大会的领导们为田洛滨、谭果超、谌烨等 10 名市一中资深老教师代表颁奖，感谢老教师为宜昌教育作出的突出贡献。随后，领导和嘉宾们观看了市一中师生表演的《百年礼赞》文艺演出。

宜昌市一中正式创办于 1910 年，始名"宜昌府中学堂"，创办以来七迁校址，十五次变更校名。学校坚持教育报国的理想，百年来培养毕业生 3 万多名，涌现了被邓小平同志亲切接见的总参测绘专家孙伯年，被江泽民同志亲切接见的北京天文台台长李启斌，中国科学院院士、青岛海洋大学教授文圣常，中国工程院院士、华中科技大学教授潘垣，中国人民解放军的高级将领陆志宙、岳世鑫、张孝成，中国长江学者、中科院生物物理研究所所长徐涛，盛大互动娱乐有限公司总裁兼首席执行官谭群钊等一大批优秀人才。

宜昌市一中现有42个教学班，师生近3000人，师资力量堪称省内一流。学校以"尊贤、励志、崇实、求新"为校训，遵循"全面发展、终身发展"办学理念，形成"强化'德'、坚持'全'、注重'实'、讲究'活'、追求'新'、着眼'管'"的六字办学指导思想，成为全省乃至全国有影响的素质教育名校。恢复高考后，市一中走出17位高考状元，百余名学生被录取到北大、清华，成为知名院校的优质生源基地。

百年薪火相传，宜昌市一中成为广大宜昌市人民信赖、初中生向往、在湖北省乃至全国都有影响力的省级示范学校和品牌学校。学校继承发展了宜昌千年文脉，创造了百年一中的辉煌，牢牢把握教育发展的正确方向，运用科学的教育方法，实现了可持续的健康发展，以朴诚、敦厚、睿智的校园道德文化，铸造了对莘莘学子恒久的吸引力、对社会各界强大的感召力。

（2010年10月4日《三峡日报》）

附　录

活De
Jiao yu

宜昌市一中教学常规管理条例

（2004 年 3 月 27 日行政会讨论通过）

一、总则

1. 教学常规是深入开展教育教学改革、全面推行素质教育的基本保证。各科教学应全面贯彻党的教育方针，面向全体学生，发展学生个性特长，努力提高学生的思想道德、科学文化和身心健康的素质。

2. 教学是实施素质教育的主渠道。各学科、各备课组和全体教师都要追求教学过程的优化，实现课堂教学规范化和高效率，既以严谨的教学环节的落实为学生的发展打好基础，又以形式多样、灵活多变的教学方法和手段来激发学生的兴趣，启发学生的思维，还要通过对学生精神状态和身心发展的关爱，为学生的禀赋和潜能的充分开发创造良好的环境。

3. 教师要转变教育观念和人才观念，改变人才培养模式。教学要以培养学生的全面素质，尤其是创新精神和实践能力为目的，认真落实教学计划，完善备课、上课、作业批改、课外辅导、考试考查等教学的基本环节，实现教学过程的最优化，使常规教学的管理科学化、规范化。

二、教学常规

（一）计划

1. 教学计划包括年级组计划、教研组计划、备课组计划、班级计划以及相关部门工作计划。教学计划包括第一、第二课堂以及研究性学习计划。

2. 制订计划应从课程标准的要求和学生的实际出发，注重科学性、针对性和操作性。计划要做到：目标明确、内容充实、措施得力、安排周到，并确保落到实处。

3. 计划应具备以下内容：

(1) 年级组、教研组、兴趣小组活动计划一般应具备以下内容：指导思想、目的要求、主要任务、主要工作措施、主要活动安排。

(2) 备课组计划内容一般应具备：

①本学期教学的要求（教材内容、教时安排、周次、教学重点难点、训练项目等）；

②教学任务和目标；

③学生知识、智能、情感态度、品格结构的基本分析；

④落实任务的要求，提高质量的措施；

⑤教学研究专题；

⑥学科课外活动计划；

⑦教学进度。

4. 各科计划原则上每学期制订一次，经年级同科教师集体讨论定案，在开学时经教务处审定。

(二) 备课

1. 备课是提高教学效率的关键。备课标应正确把握，备教材应融会贯通，备教法应灵活创新，备学生应全面细致。

2. 教师备课要写出授课教案：教案可详可略，因人因课而异。教案要符合一定的格式，基本格式为：（1）课题与课时；（2）目的与要求；（3）重点、难点；（4）课型；（5）教学用具；（6）教学方法；（7）教学程序；（8）板书设计；（9）作业内容；（10）教学后记。教案要按课时逐节撰写，不得用老教案，不得抄写他人的教案。提倡现代备课手段，进行电子备课。

3. 教师应提前一周备课。要在上课前两天写出教案，前一天准备好实验器材和教学用具，演示实验至少应在课前熟练完整操作一遍。要善于运用多媒体辅助教学，达到实用、直观、高效的目的。要求学生完成的作业，教师应先做一遍。考试考查及练习课讲评等教案也应注明目的要求等内容，并附上练习题或考试试卷，考试后作好试卷分析。

4. 同年级同学科有两名以上任课教师的，应组成备课组，备课组要选定组长。备课应在个人钻研教材的基础上，定时间、定地点、定内容，每周至少集体备课一次，以统一教学进度和要求，确定重点和难点，统一练习作业，交流教学方法和经验。备课组活动要确定中心发言人，其余成员要踊跃发言，交流信息，相互学习，取长补短，求同存异，并作好备课情况记载。并将《集体备课记录表》交到教务处检查存档。

5. 教案检查采取定期普查或不定期抽查的方式。查后注明检查结果，并盖教务处公章。教案的质量主要看一堂课的教学目的是否明确，教学设计是否恰当，训练的内容是否落实，是否符合素质教育的要求。

（三）上课（课堂教学）

1. 课堂教学是学校教育的基本形式，也是进行思想教育，传授知识，培养基本技能的主要方式；也是学生获得知识，发展能力，养成良好思想品德的主要途径。课堂教学的基本价值取向是知识和能力，以能力为主。

2. 课表是学校教学方案的具体安排，教师应自觉维护课表的权威，严格按照课表上课，不得随意调课、增减课时，未经校长同意，任何人不得停课。年级、班级因故停课，经校长批准后由年级主任提前向学生宣布，并在教务处备案。

3. 教师应在预备铃响时进入教室，组织学生做好上课准备，不得延长上课时间。上下课程序做到规范到位。

4. 课堂教学应充满激情，运用智慧，培养智慧，以学生为中心，运用探究式、启发式开展互动式的教学。杜绝沉闷乏味、单向灌输知识的教学。

5. 教师在课堂上应自始至终组织教学，以保证教学过程的实施。教师有责任对课堂上出现的意外情况进行处理，及时把处理情况汇报有关领导，并在德育评分表上如实记载。教师不得随意退堂或终止上课，不得随意终止学生上课。

6. 因病或其他特殊原因不能上课的，应按有关规定办理请假手续，所缺课要由教研组安排解决，并及时报教务处备案，如缺课较多，教研组难于解决，则应提前报教务处。

7. 听课是检查教学、交流经验、提高教学水平的重要方式。每学期应按规定次数听课，并能随时接受学校安排的被听课的任务。为保证正常教学秩序，所有外来听课都须经教务处统一安排。

8. 课堂上教师应举止文明，仪表端庄。教师要用普通话教学，外语教师使用外语教学。教学区内必须关闭通信工具。

9. 检查教师上课情况的途径：学校领导随堂听课检查，教务处定期普查或不定期抽查，各班《班务日志》详细考查登记，政教处每周查阅核实《班务日志》一次。

10. 列入课表的选修课执行以上要求。

（四）作业

1. 目的：作业是教学过程的重要环节，是学生掌握知识，培养能力的实践活动，教师应根据课程标准和教材的要求，经过精选后向学生布置适量的作业。作业包括书面、口头、实际操作等不同形式。

2. 格式：各科作业的要求与格式在起始课就应做出明确具体的规

定，要规范化，要严格训练，封面空格栏要填满，作业书写工整，卷面整洁，不合格的要重做，未做的要补做，错题要更正，培养学生认真书写和认真对待作业的好习惯。

3. 检查、批改：教师对所布置课内作业必须做到全批全改，课外作业要定期检查，作业批改一定要由教师本人批改。对学生拖欠或不做作业，教师要及时教育和采取补做措施，并在德育评分表上如实记载。

4. 作业量：教师布置作业要精心设计，注重作业的层次性，分量和难度适当，必要时可以针对不同情况分层次布置必做和选做的作业，不得任意加重学生负担。

5. 教研组每月检查学生作业一次，作好记载，教研组长签名以示负责（教研组长弄虚作假不负责任，一经发现，扣除当月职务津贴）。学校每学期普查两次。

（五）教学辅导

1. 教学辅导，指在规定的教学课时以外，组织学生补课，解答问题，练习等教学活动，是全面提高教学质量的有效辅助手段。

2. 教学辅导要因材施教，要有目的，有准备，有重点地进行。提倡教师主动对学生进行个别辅导。

3. 对学生的集体辅导，由年级组协调各学科作统一安排，制订辅导计划，并报教务处备案。毕业年级和有结业统考科目的非毕业年级，在学年度的第二学期可根据需要由年级组另行安排辅导。

（六）考查和考试

1. 学生学习成绩的考核是对学生学习状况、教师教学状况反馈的重要渠道，是促进学生学习的重要方法，成绩考核可采取考试、考查两种形式。课堂提问，随堂测验，检查作业，单元测验属于考查；期中、期末考试，各科会考属于考试。考查由任课老师组织，考试由教务处统一组织。

2. 学生成绩考核由教务处统一管理，每学期初由教务处发放各科成绩册，用以登记学生的平时成绩（平时成绩包括作业、提问、小测验、作文、实验、小制作等项）及各类考核成绩。

3. 单元测验、期中考试和期末考试，纳入学期教学计划，单元测验随堂进行，期中、期末考试以及高考由教务处统一安排时间、地点和监考。

4. 期中期末考试自行命题的科目在教研组长组织下进行，命题教师要事先编好试卷双向细目表，确保命题信度和效度，教研组长审查签字后命题教师将试卷连同双向细目表在考试前两周送交教务处，试卷印刷前命题教师要认真校对，严格把关，杜绝试卷中的错误。

5. 在教务处组织的考试中，每位监考人员应认真执行"监考守则"以端正考风，严肃考纪。年级组、备课组严密组织试卷的发放、装订、评卷（应采取"流水式"）、登分、成绩统计、质量分析、考试总结等工作。杜绝各种舞弊行为和其他纰漏发生。

6. 考查、考试质量分析要贯穿教学过程的始终。分析一般包括：考试概括、试题分析、学生答题情况分析、成绩统计分析和后期教学的改进措施。单元测验应以备课组为单位组织教师实行全面质量分析，并成文备查。期中、期末质量分析以及毕业班阶段性模拟考试质量分析总结会由年级主任负责组织。

7. 对学生评定成绩，要全面综合，考查、考试都有一定比例，一般平时成绩占 20%，作业占 10%，期中考试占 30%，期末考试占 40%，毕业成绩和升学录取成绩的处理，按上级规定执行。

三、第二课堂及研究性学习

1. 第二课堂及研究性学习是课堂教学的延伸，是学校教育的一个重要组成部分，是对学生进行思想品德教育，促进身心健康，培养个性和特长的重要渠道，指导第二课堂及研究性学习是每位教师的职责，记入教学工作量。

2. 第二课堂及研究性学习包括思想教育活动、选修课、学科活动、兴趣小组、体艺活动、社团活动、科技节艺术节活动、社会实践及军训等活动，由教务处和政教处、团委安排，各年级组、教研组具体实施。

3. 第二课堂及研究性学习列入学校活动总表，不得任意冲、占或挪作他用。

4. 主持第二课堂及研究性学习各项活动的教师，在开学第一周内上交活动计划到主管部门，对参加活动的同学，要有考勤记录和成绩考核评定。

四、实施办法

1. 本方案实施由教务处牵头，其他部门配合。

2. 本方案解释权在校长。

3. 本方案从行政会讨论通过之日起实施。

2004 年 3 月 27 日

宜昌市第一中学省级示范学校复评自评报告

1997 年 5 月，我校接受了省政府教育督导评估，并以 93.46 分的综合得分达到湖北省普通中小学校督导评估一等标准。1998 年 5 月，正式授牌，成为宜昌市第一所"省级示范学校"。

8 年来，遵照省政府教育督导意见，我校进一步端正办学思想，贯彻党的教育方针，不遗余力地推行素质教育，办学水平进一步提高，办学特色日益凸现。下面，特将我校 1997 年以来的发展变化和对评估中提出的问题的整改情况作一个汇报。

第一部分　基本情况

湖北省宜昌市第一中学创办于 1910 年，初始校名为"宜昌府中学堂"，15 次更名，6 次搬迁，1953 年被确定为湖北省重点中学。1997 年通过省政府教育督导评估，被确认为湖北省示范学校；2000 年被省教育厅和环保局联合表彰为首批省级"绿色学校"；2001 年，经市、省教育主管部门推荐，被《中国教育报》等多家单位联合评定为"中国名校六百家"；2002 年被教育部授予"贯彻《学校体育工作条例》优秀学校"
称号；1996、1998、2004 年三次被省委、省政府授予"文明单位"光荣
称号；最近经省教育厅推荐，被国家汉语国际推广领导小组确定为"汉
语国际推广基地"。

校园面积 90 亩，分教学、运动、生活三大功能区，江南园林式建筑
风格，布局合理，环境优美。校舍面积 26419 平方米。现代化的教学楼、
科教馆、图书馆、体育馆及其设备能满足实施素质教育的需要。有 42 个
教学班，学生 2733 人。师资力量雄厚，有专任教师 167 名，其中包含省
政府专贴专家 1 名，市管专家 1 名，湖北名师 1 名，特级教师 3 名，省
级骨干教师 3 名，市级学科带头人 14 名，正高职称 6 名、副高职称 72
名。

校友足迹遍及全世界。以文圣常、潘垣两院士，陆志宙、张孝成、
岳世鑫三将军为代表的近三万名校友以其卓越的贡献为母校带来了很高
的声望。仅近几年进入哈佛、牛津、剑桥三所名校读博的校友就有 6 人
之多。

学校实行校长负责制，校长和书记分设。校委会成员 5 人（包括工
会主席），4 文 1 理，平均年龄 48 岁。校党委 4 个成员都是兼职。中层干
部 11 人，其中 10 人兼课。

第二部分　复评及自评情况

本次复评工作从 2006 年春季开始启动。为了确保复评工作落到实
处，学校成立了以校长为首的各部门负责人参与的复评工作领导小组，
拟定工作计划，制订工作方案，明确工作目标和工作职责。首先组织全
体教职工学习教育方针、政策和督导评估方案等文件，8 月份组织全体
教师进行集中动员、培训，并将所有学习资料公布在校内网上供大家研

讨。其次，认真组织由师生代表组成的自评小组进行自评工作。各部门及全体教职工根据岗位职责要求，对照评估指标进行工作总结，广泛收集信息，认真测评分析，实事求是、客观公正地对学校作出自我评估。最后组织全体干部和教职工，学生、家长及社会人士代表按照评估要求对学校各项工作评定等级。自评经加权后情况如下：

A1 至 A4 指标分别得分 29.44，22.84，14.63，29.76，总得分96.68。

第三部分　整改及发展变化

针对 1997 和 2005 年省政府教育督导室给我校提出的六点希望和意见，全校师生高度重视，一一整改提高，努力提高办学品位。首先是加强了校领导班子建设，平均年龄减小，学科结构也较以前合理。二是强化了教师队伍建设，深化了教学领域里的改革。三是加大了投入，改善了办学条件。四是进一步规范了办学行为。五是将党和国家的有关政策和要求及时贯彻于教育教学工作中。六是强化和规范了自评工作。尤其是坚持了被省政府教育督导室所充分肯定了的教育改革大方向，以"全面发展、终身发展"的办学理念，大力实施素质教育而彰显了办学特色。宜昌人民对我校的评价几乎完全一致——"宜昌一中办得活！"

活的教育，不仅对人终身负责，而且能迅速给学校带来各个方面辉煌的办学成果。

1. 高考升学率稳中有升。近几年来，本科上线率和升学质量均居全市前列。2001—2006 年升入北大、清华的学生 44 人，占宜昌城区 67%。

2. 数、理、化、生和信息技术奥林匹克竞赛，最近 5 年，获全国一等奖累计达 28 人，占城区 74%。

3. 科技发明创新全国知名。校科技节极大地引发了学生的发明创新热情，8 年来发明创新已达到 1.1 万多项，获得专利 208 项。从 2000 年开始，年年参加全国青少年科技创新大赛或全国"明天小小科学家"奖励活动并年年获奖。6 年间，共有 130 个科技创新作品获省级以上奖励，其中国家级奖励 31 项，7 人次因此获得高校保送资格，累计获得国家奖励近 10 万元。2000 年《中国知识产权报》称我校为"中国发明创造第一校"。中央电视台以"挑战发明创造第一校——宜昌一中"为题作过 11 集专题报道。

4. 体育竞赛成绩突出。我校是宜昌市篮球和田径传统项目强校，参加宜昌市的各类比赛，几乎包揽冠军。2002—2004 连续 3 年，我校独立组队参加全省中学生篮球运动会，男女双双获得前三名的优异成绩。

5. 学生人文素养高。近几年来，《中国青年报》《杂文报》《芳草》《语文学习》《语文教学与研究》《作文通讯》等国内 20 多家报纸杂志刊载了我校《前茅》100 多篇文章，其中 6 家发过专版。近百篇作品在全国有影响的如"新概念作文大赛"等赛事中获奖。学生作品集《颖》在全国出版发行。

努力促进人的全面发展和终身发展是建设社会主义新社会的本质要求，也是马克思主义哲学最突出强调的一个命题。1997 年 4 月我校召开了校史上具有里程碑意义的第四届一次教代会，讨论通过了《宜昌市一中五年发展规划和十年奋斗目标》，确立了学校坚定不移走素质教育发展之路的方向，初步认定了"全面发展、终身发展"的办学理念。所谓全面发展，即通过全面贯彻党的教育方针，促进学生德智体美等各方面都获得进步，知情意行协调提升；所谓终身发展，就是具有适应终身学习的基础知识、基本技能和方法，具有与时俱进的思想品质。"全面发展、终身发展"理念的核心是"发展"，"全面"从横向界定发展的内涵，强调发展的完善和协调性，这是实现终身发展的基础；"终身"是从纵向强调发展的永恒性，这是"全面发展"的升华和延伸。

任何事物的发展都是一个成长过程，人成长的基础只能是活的教育。活，生命的本能、发展的动因、教育的最高境界。现代教育应该是鲜活人性的，无论是学生还是老师，都应该随着学校的发展获得自由和充分的发展，焕发出生命的活力。毛泽东同志为抗大题写了"团结、紧张、严肃、活泼"八字校训。陶行知先生以"教死书、死教书、教书死，读死书、死读书、读书死"批评传统教育的腐化，著名的教育家陈鹤琴先生据此提出了"活的教育"思想。

2000 年，我校提出了强化"德"、坚持"全"、注重"实"、讲究"活"、追求"新"、着眼"管"的六字办学指导思想，这其中，"活"是贯穿全局的核心所在。营造活跃的校园气氛，构建灵活的管理机制，打造活力四射的教职工队伍，培养朝气蓬勃、生龙活虎的一中学子。从全国各所大学反馈的信息表明，宜昌一中的学生非常活跃，担任学生干部的比例相当高，深受大学欢迎。走入社会之后，绝大部分以综合素质高而脱颖而出，成为各行各业的骨干，广为社会称道。事实表明，"活"，已经成为我校较为鲜明的办学特色。

一是教育之活，活在学生的自我管理。素质教育德育为首，德育管理"自治"为先。长期以来，学生作为被教育者，总是处于"他治"的从属被动状态，年轻人的生活激情和蓬勃的创造力被压抑乃至窒息。要让学生恢复活力，就必须还给他们主体的地位。1997 年，我校正式掀开了一场以培养学生自治能力为核心的教育改革。首先坚决果断地取消了班主任"三到场"的硬性规定，提倡科学管理，不以到班的多寡评价班主任的优劣；规定"还政于民"，要让全校师生充分享受学校管理这一宝贵资源，学校和班级常规管理必须由学生会、团委和班委会在老师指导下完成，大型集会和体育、艺术、科技三大节，都让学生承担主要的组织工作。适应自治的要求，所有的学生干部都必须通过竞选产生，同时健全了学代会和团代会制度。2005 年，在以前班级值周的基础上，开始推行班级全员值周制度，一年之内，学校每个班全员参与一周时间的对全校师生的服务和日常行为规范管理。如早晨和中午在校门列队迎接师生，检查学生仪表、出勤等情况，校园公共区域的清洁打扫，两操一课、食堂就餐秩序、教室卫生、自习纪律、体育课外活动检查等等。整个过程学生会督察小组进行全程督察。在下一周全校师生升旗仪式上值周班级详细讲评校园文明建设情况，学生会督察评价班级值周情况。经过一番改革，学生的热情和创造力被充分激发出来了，他们在以前学生业余党校、文学社、广播台等基础上，又发起组织了电视台、爱心协会、青年志愿者协会、环保小分队以及各种体育俱乐部等社团活动，校园迅速充满了民主和生动活泼的气氛。管理上了新台阶，德育标准不断提高：食品不进教室、校园不准骑车、统一着校服、排队就餐并自己归还餐盘等规定都先后得到执行，校园面貌为之一新。

　　"自治"带来活力，而校园生活要求活而有序。为了建设和谐校园，将学生自我管理引向深入，针对德育容易空洞和教条化的弊端，以"做人"教育为核心，突出德育体验，实施生活化的德育。2003 年学代会讨论通过了《素质教育德育评分条例》《学生表彰条例》，将《中学德育大纲》《中学生日常行为规范》的要求分解成可操作的条款进行考评奖惩。凝聚了全体师生心血的《德育评分条例》，突破了学生德育的软肋，使学生德育由定性评价为主转变为可操作的定量评价为主，使学生自治有了制度保证，提高了德育实效。如果说《德育评分条例》是教育中刚性的约束，那么《表彰条例》则是对学生优秀品质的大力张扬。学校设立奖项非常多，优秀毕业生、三好学生、优秀学生干部、优秀团干、优秀团员、学习标兵、周校园之星以及体育、艺术和科技三大节的大量单项表彰，涉及学生学习生活的方方面面，我们的原则是，凡有一技之长者都要得到展现，凡展现出来的优秀品质都要得到奖励。据不完全统计，近三年每年受到校级表彰的学生都达到 1000 人次以上，占学生总数的 40%

左右。不拘一格的激励机制，使学生个性获得了自由和充分的发展，更打造了健康向上的思想品质，1999 年至今已有 3000 多名学生参加业余党校学习，其中 33 名加入党组织。宜昌百姓对我校的表彰制度非常认同，2006 年，先后有兴发集团、大三峡国旅集团与我校签订了优秀学生奖励协议。

二是教学之活，活在规范办学行为和以科研促课改。素质教育最基本的前提是规范办学行为。为此，一是采取了"两减一增"措施。一减学生统一安排的学习时间。高一、高二年级周日、"十一""五一"、寒暑假一律不补课，高三年级只根据教育局要求节假日共补课 6 周。二减课业量，规定学生日课业量不得超过两个小时。一增是将每天下午三、四节和晚自习都定为全校学生自主学习与活动课时间，使学生每周在校自主支配的学习时间占总学时的 40％以上，拥有了较为足够的时间和空间发展兴趣和特长。二是建立适应素质教育的课程及其评价体系。从 1997 年开始，严格按照教育部颁布的课程标准，开齐课程，开足课时，使信息技术、体育与健康、艺术欣赏、劳动技术和研究性学习等综合实践活动成为实课。第二步开设校本课程。针对应试教育第一课堂一统天下的弊端，逐步建立了"四三制"基本课程框架。一个"三"是启用三张课表——第一课堂必修课表、第二课堂选修课表和活动课表，规范素质教育的常规运转。第二个"三"是每年举办科技节、体育节和艺术节，作为素质教育的舞台。第三个"三"是举办三大报刊——《前茅》文学季刊、《宜昌市一中报》《一中教研》，作为素质教育的园地。第四个"三"是开辟素质教育的三个平台，即电视台、广播台、校园网。"四三制"框架逐步拓展、完善为一种常规性的广义课程结构，辅以评价体系的建立和调控，这就使我校素质教育有了基本模式和坚实的载体。为保证新的课程体系的实施，相继制定了《教学常规管理条例》《研究性学习实施方案》《教师教学评估条例》《优秀学科教研组考评方案》等文件，从标准和实施过程两方面确保教学行为不偏离正确轨道。

三是以科研促进第一课堂的课改。如果不改变长期适应应试教育以灌输为主的课堂教学模式，仅改变课程结构还是不够的。为此，我校大力实施以科研促课改的策略。首先围绕中央电教馆"十五"课题"信息技术与学科教学整合"进行科学研究，充分利用信息技术，一方面解剖部分老师的课堂，从什么是真正的启发式和讨论式到什么是开放性、研究性教学方法等最基础又最前沿的问题，一一进行研究，破除陈旧的教学模式；另一方面积极探索多媒体教学方式方法，力求建立新的适应素质教育的以培养学生创新精神为宗旨的课堂结构。其次学校不仅认真开设了狭义的研究性学习课，做到了生生有课题，更从广义上运用研究性学习的思想和方法对第一课堂进行改革。我们承担了教育部探究性学习课题的子课题"情景·探究·建构"的研究工作，并自主开发了与之相关的"研究性学习在第一课堂"这一新课题。全校教师都参与了这两个课题的研究，掀起了多年难以见到的教研教改热潮。2005 年 5 月，全国"研究性学习在第一课堂"主题教改现场会在我校召开，这标志第一课堂改革的攻坚战取得了阶段性成果。今年初，上述三个课题通过了国家验收。此外，外语学科的"单元整体教学"、语文组的"双促双发"课题和历史组的"情景·实践·创新"课题也通过了省级验收。随着一个个研究课题的结题，教师业务素质和教育教学科研含量有了很大的提高，使课堂改革获得突破，减负增效成为可能。优质课竞赛是我校科研和教改的实验田，我们积极举办并积极承办校级至国家级优质课竞赛活动，1998 年以来获得国家级优质课一等奖 14 人次，示范课 4 人次；省级优质课一等奖和示范课 20 人次，市级优质课竞赛一等奖 21 人次。

三是后勤之活，活在物尽其用，校园处处皆育人。8 年来，学校抓住了发展机遇，校园面貌发生了翻天覆地的变化：固定资产从 2025.28 万元到现在的 5658.58 万元，增加了 2.79 倍；校园面积从 48091.51 平方米到 57992.63 平方米，增加了 20%；校舍建筑面积从 12783.7 平方米到 26419 平方米（不包括教工宿舍），增加了 2.07 倍；教学仪器设备从 45.04 万元到 851.46 万元，增加了 18.9 倍；图书设备和图书总价值从 25.12 万元到 152.88 万元，增加了 6 倍。如何让这些宝贵的资源发挥最大的作用？首先，从 2001 年开始后勤社会化的尝试，先后把绿化、食堂、超市、饮水、文印、保安和校内保洁等交付可靠的专业公司托管，这既发挥了所有校产的最大效益，提高了后勤管理和服务水平，又节省了人力。其次，我们以"充分使用、杜绝浪费、减少损耗"为目标，以校产电子化管理、自主技术革新、加强成本核算和责任追究制为手段，实施精细化管理，建设节约型校园。在充分使用所有校产的同时，节约每一滴水、每一度电。

校园文化建设以"发扬中华民族优秀传统"为主题，充分挖掘和使用本校本地历史文化资源。立宜昌籍的世界历史文化名人屈原和曾任夷陵县令的宋代文学家欧阳修雕像各一座，修建了一个反映一中历史沿革的文化长廊，在教学楼、图书馆、办公楼和科教馆布置了反映我校办学历史、师生活动、宜昌风土人情的珍贵照片。满园的文化与科学氛围显现出百年老校的优秀传统和生机活力。

四是队伍之活，活在观念的与时俱进和校园生活的丰富多彩。长期以来，我校一直致力于打造一流的教职工队伍，积极推行"人才兴教、人才强校"战略。主要措施有：一是"导"。引导教职工以国家利益为重，义无反顾地投身素质教育；引导教职工不当教书匠，要做教育家，修炼师德，打造师魂，不断追求新知识和人生新境界。先后有 30 人参加了研究生课程班学习，10 多人出国进修。在无法保证大量教师脱产进修的情况下，建立了教师和中层以上干部校本培训机制，在此基础上与武汉二中、仙桃中学等九所学校组成了省内办学协作体，与当阳高中和枝江一中等学校组成了市内办学协作体，定期开展教学研讨活动，作为师资培训平台。尤其注重营造浓烈的科研氛围，引导大家自我提高。近三年，几乎每一位干部和教师都参与了课题研究，编写出版了新课程配套资料《主题探究导学》47本。8年中在经费非常紧张的情况下，用于教师培训共70多万元。二是"激"。实行全员聘任制8年来，学校相继出台了《青年教师成长规划》《名师工程实施方案》《骨干教师评选办法》等一系列激励性的规章制度，并通过"老带新"，教学过程考评，三育人先进个人评选，育人、教书、服务能手评选，校、市、省、国家级优质课竞赛等一系列措施，激励骨干教师迅速成长。还坚持采用低职高聘、高职低聘、待岗、下岗等措施，形成优胜劣汰、优质优酬的用人机制。中层以上干部一律竞选产生，每年述职考评一次，能者上，庸者下。三是"逼"。实施素质教育的瓶颈莫过于师资。面对学生要减负，效益要提高，第一课堂要改革，校本课程要开设等一大堆困难，学校不等不靠，硬是把所有教师一下子推到了素质教育前沿，逼着他们尽快提高素质，要么学有所长，能够开设一到两门选修课，要么低聘低酬，乃至调离或下岗。经过多年努力，学校形成了包括省专贴专家、特级教师、正高职教师、市级学科带头人、高级教师、中级教师在内的结构合理、优秀人才富集的教职工队伍。这支队伍每年在省级以上刊物发表文章30篇以上，8年来共出版专著或新教材配套资料111本。

教职工生活丰富多彩。每年体育节、艺术节，教职工既参与学生的项目，同台竞技或献艺，同时也举办教师运动会。保持了13年的教职工元旦晚会，老师们自编自演，气氛十分热烈，已成为我校一道亮丽的风景。经常性的文体活动，如每天集体做操，每年都举行广播操、棋类、球类、才艺类、趣味体育类比赛或师生对抗赛都达到10次以上。师生管乐队不仅为每周的升旗仪式演奏国歌，而且还经常参加社区演出。每逢教育工会的职工体育比赛，一中代表队都是众人瞩目的夺冠队伍。每年春秋两季，组织全体教职工走向山区，走向大自然，享受生活，了解风土人情。

第四部分　主要经验和体会

一、制度管理是保障

素质教育能实现"活"的教育理想，但在当前应试教育大有市场的背景下，所受到的挑战是非常严峻的。只有制定较完善的切实可行的规章制度才能调动全校人财物的积极因素，保证它从脆弱的摇摆不定状态走向稳健发展。8 年来，我校以科学、严谨的态度，制定了 136 项规章制度。这些制度或方案有的从方向上把握学校发展的脉搏，为素质教育创造有利的政策环境；有的从体制上确立规范高效的管理关系，为素质教育作好组织保证；有的从机制上强化素质教育的推进力度；有的从方式方法上规范素质教育的模式。总的原则是：素质教育的阻力在哪里，学校就把相关的制度制定在哪里，直到突破困境。

制度的制定要经过严格的程序，大到学校的发展规划，小到课表编排，无不群策群力，要么召开教代会，要么召开行政会或学代会，字斟句酌，力避草率。这就保证了任何制度的科学和可操作性，同时制定的过程变成了学习贯彻的过程，为制度的实施打下了基础。为保证制度的绝对贯彻执行，学校依托教代会、各职能部门对各项制度的贯彻实施情况进行全过程监控，每年年底，校办依据《制度评估制度》对全年的各项制度执行情况进行评估，从而使我校的制度建设进入一个有法可依、有法必依的良性发展状态。

二、民主管理是核心

民主管理制度是我校实现现代化管理目标的重要渠道和目的之一。在坚持校长负责制、强化党委的战斗堡垒作用的同时，学校不断加强教代会制度的建设，确保教职工参政议政的权力。党委成员中有专人分管教代会工作，党委每学期都要专门研究教代会工作，就学校的发展征求教职工的意见和建议，认真拟定教代会议题，提交教代会讨论。教代会制度本身又保持了相对的独立性，以充分行使自身的建议权、审议通过权和评议监督权。8年来，我校每年根据发展情况召开一到两次隆重而规范的教代会，研究学校的重大事项，只要关系到学校的发展，关系到每一位教师的切身利益的决议，都必须经教代会审议通过。每次教代会，都是一次全校教职员工的民主生活会，民智集中会，团结拼搏、振兴一中的誓师会。

实行校务公开制度。凡是基本建设、人事任免、评先晋级、设备采买等敏感的事情，无不本着"公平、公正、公开"的原则，决策、过程、结果全公开，实行阳光操作。

民主管理是激活全校师生员工爱校感情、工作热情、创造激情的高层次管理，它使制度管理具有智力基础和群众基础，使刚性的规定成为大家自觉接受遵守乃至欢迎拥护的治校宝典，它是建设和谐校园的法宝。8年来我校竞争机制如此强劲，大大促进了学校的跨越式发展，但从来都不失和谐。

三、精细化管理是关键

随着国家建设节约型社会精神的提出，我校精细化管理理念逐渐从后勤服务工作推广为全校行为准则。

如何做到精细化管理呢？首先要从大处着眼，规划好学校发展蓝图。方向和路线上的任何摇摆都会造成人财物的极大浪费。其次是制度要不折不扣的贯彻落实，不能遇到困难就退让。第三，工作程序要步步到位，每一个细节都要处理好。细节看素质，细节看管理水平。如教学上备、教、改、辅、考、评各环节，都有严格的规范和检查。自主开发了24个物理实验项目，使一些以前因难度太大而放弃的实验都能够一目了然地给学生演示出来。建立对每一个学生跟踪培养制度，及时分析学生的发展变化，"精耕细作"，力争不让一个学生掉队。建立了学生鉴定与毕业制度，确保每一个学生全面发展，达到高中毕业要求。开发功能强大的家校互联网络系统，将每个学生各方面的表现及时上网，供家长随时了解孩子的情况，以与学校形成教育合力。课桌凳和教室三年一贯制及其赔偿制度，从根本上改变了教室被污损、需要经常粉刷，课桌凳和其他设备严重丢失损坏，需要经常补充维修的局面。自主开发了男生厕所小便池节水装置，仅此一项年节水 1.8 万吨，节资近 3 万元。采取自动和人工控制结合的办法消灭长明灯和无效照明，年节电约 5 万度，节资 3 万元。燃气锅炉房通过成本核算和科学安排，每天节约天然气 20 多个立方，年节资 1.3 万元。校园环境无死角，处处整洁美丽。

四、开拓创新是动力

学校的快速发展，需要敢闯敢冒的精神；学校要办出特色，开拓创新是永恒的动力。江泽民同志多次强调创新是民族进步的灵魂，是国家兴旺发达的不竭动力。要培养学生的创新精神和能力，学校的管理就应该具有创新的活力。从 1997 年确定了学校素质教育发展方向之后，紧接着进行劳动工资制度改革，先后出台了诸如全员聘任、课时津贴等方案，打破了只能进不能出，只能上不能下的用人格局和平均主义分配制度，极大地激活了学校发展潜能，为将要开始的素质教育打下了坚实的思想基础。这不仅在当时而且在现在也具有"吃螃蟹"的意义。1998 年开始教育教学领域的改革，出台了《素质教育实施方案》，以后又不断补充了一些与之配套的规章制度，使我校的素质教育一开始就在一个较高的起点上有计划有措施地整体推进。在没有现成的模式可供借鉴的情况下，我们按照自己对素质教育的理解实行了学生的"自治"制度和德育学分制；设计了"四三制"课程基本框架，开发出了 40 多门校本课程，近 10 本校本教材，师生共同创造出了 1 万多项科技发明创新作品，探索了第一课堂"情景·探究·建构"基本模式；成功地尝试了后勤社会化管理

......

我们建立了"在常规工作中创新，把创新转化为常规"的学校发展运行机制。学校是在常规工作的常态中正常运转的，但是我们又要不断地怀疑、挑战常规，不断地推陈出新；成功的创新都要及时用制度把它巩固下来，成为高起点的常规。如此循环往复，学校就形成了强健的自我发展机制，推动着学校向更高的目标不断前进。

8年来，学校不断地开拓创新，爆发出了很大的能量。共承办省级以上现场会或研讨会达10多次，应邀对外推广我校办学经验所作报告不下30次。我校办学经验不仅为宜昌市中小学普遍借鉴，也吸引了全国各地同行或科协部门纷纷前来参观。我校的科技节还直接催生了全市和其他学校的科技节，原市科协主席史久坤同志多次讲，"没有一中的科技节就没有全市科技节"。有10多位教师课堂教学录像为全国不少中学图书馆收藏和校园网展播，湖北教育学院网长期登载全国部分语文和外语骨干教师对我校考察和观感文章47篇。仅"十五"期间，中央电视台、《人民日报》《光明日报》《人民教育》等10多个省级以上新闻单位对我校报道达29次之多。中央电视台连续6次播出了我校研究性学习6集专题片《神农探奇》，连续3次播出我校科技发明创造11集专题片《挑战发明创造第一校——宜昌一中》。

第五部分　主要问题和打算

目前，学校工作还存在着三个主要问题。一是教师队伍建设还不能完全适应素质教育的要求。近几年来由于办学规模扩大，引进教师速度较快，师资培养一时跟不上，导致一部分教师观念还停留在应试教育阶段，缺乏实施素质教育的思想认识和基本能力。二是教育经费比较紧张，资金缺口将近2000万。三是由于正处在高中度峰时期，为减轻社会对优质教育要求的压力，平均班额超过了 60 人，未达到规范要求。

今后学校重点抓好四个方面的工作。一是坚持我们的办学理念不动摇，全面贯彻党的教育方针，实施素质教育，形成更加鲜明的办学特色。二是以建全国素质教育名校的标准，着力打造结构合理素质优良的教职工队伍，用事业、用待遇和感情稳定骨干教师队伍，提高学历层次，五年以内研究生学历要达到 30％以上。三是争取国家和全社会的资金支持，减轻学校负担，力争五年内还清所有债务。四是不断规范办学行为，严格执行部颁计划，进一步减轻学生课业负担，提高教育教学过程中的科研含量，并争取在两年内班额达标。

我们将以这一次省级示范学校复评为契机，在总结成绩的基础上，以复评整改意见为依据，逐条分析，落实整改，为把我校办成全国素质教育名校而不懈努力。

2006 年 11 月 20 日

教育发现书系隆重推出

类　别	书　名	作　者
高效课堂	善待杜郎口——李镇西教学随笔	李镇西 著
	民主教育在课堂	李镇西 主编
	教育即道德	田保华 著
	杜郎口"旋风"（修订版）	李炳亭 著
	高效课堂22条	李炳亭 著
	高效课堂九大"教学范式"	李炳亭 著
	我给传统课堂打0分	李炳亭 著
	课改立场：一个区域教育的实践样本	李炳亭 褚清源 张志博 著
	高效课堂导学案设计	张海晨 李炳亭 著
	问道课堂：高效课堂理念与方法的26个追问	李炳亭 褚清源 著
	发现高效课堂密码	于春祥 著
	中国当代课改档案	李炳亭 洪湖 著
班主任修炼	发现班主任智慧：追求充满人性的教育	郭文红 著
	班级问题诊断	高影 编
	治班有招	高影 编
	治班有道	高影 编
	问题学生诊断	高影 编
校长修炼	活的教育	陶三发 著
	学校智道	褚清源 著
	校长之道	姚文俊 著
	学校管理智慧：教师成长	吴盈盈 编
	学校管理智慧：管的艺术	吴盈盈 编
	学校管理智慧：找到学校的魂	吴盈盈 编
	学校管理智慧：校长成长	吴盈盈 编
教师成长	蒋自立与自我教育	蒋自立 著
	李平老师讲语文	李平 著
	做幸福的老师	翟幸福 主编
	使人成为人	司家栋等 著
	课堂问题与争鸣	叶飞 编
	教师成长密码	叶飞 编
	问道中国教育：仰望教育的天空	雷振海 李炳亭 编
	问道中国教育：撬动教育的支点	雷振海 李炳亭 编
	问道中国教育：追寻教育的幸福	雷振海 李炳亭 编
	问道中国教育：改变教育的思维	雷振海 李炳亭 编
	问道中国教育：追溯教育的原点	雷振海 李炳亭 编
区域课改之殷都样板	殷都样板：小学低年级导学案点评	姚文俊 金耀林 主编
	殷都样板：小学英语导学案点评（3—6年级）	姚文俊 金耀林 主编
	殷都样板：小学数学导学案点评（3—6年级）	姚文俊 金耀林 主编
	殷都样板：小学语文导学案点评（3—6年级）	姚文俊 金耀林 主编
	殷都样板：中学导学案点评	姚文俊 金耀林 主编
	为了学生的学	姚文俊 金耀林 主编
	分数大变脸	姚文俊 金耀林 主编
	做智慧教师	姚文俊 金耀林 主编
	模式就是生产力	姚文俊 金耀林 主编
	"主体多元"在殷都	姚文俊 金耀林 主编

地址：山东省济南市英雄山路189号山东文艺出版社

购书热线：0531—82098775

投稿热线：0531—82098789

邮　编：250002

投稿信箱：jiaoyufaxian@126.com

读者交流QQ群：69362448

图书在版编目(CIP)数据

活的教育/陶三发著. —济南:山东文艺出版社,
2012.3
　ISBN 978-7-5329-3530-7

　Ⅰ.①活…　Ⅱ.①陶…　Ⅲ.①中学-校长-学校管理
-文集　Ⅳ.①G637.1－53

中国版本图书馆 CIP 数据核字(2011)第 269033 号

活的教育

陶三发　著

主管部门:山东出版集团
集团网址:www. sdpress. com. cn
出版发行:山东文艺出版社
社　　址:山东省济南市英雄山路 189 号
邮　　编:250002
网　　址:www. sdwypress. com

读者服务:0531－82098776(总编室)
　　　　　0531－82098775(发行部)
电子邮箱:sdwy@sdpress. com. cn

印　　刷:山东临沂新华印刷物流集团有限责任公司
开　　本:710 * 1000 毫米　　16 开
印　　张:17.25　　插页/2
字　　数:217 千字
版　　次:2012 年 3 月第 1 版
印　　次:2012 年 3 月第 1 次印刷
书　　号:978-7-5329-3530-7
定　　价:32.00 元